ココミル
cocomiru

金澤 北陸

創造一次美好的
旅遊回憶♪

金澤的和式典雅之美
無窮無盡

上圖：あめの俵屋 本店(MAPP135F2)　左中圖起：浅の川吉久(P52) 的古布針山/公主不倒翁卡片(於金澤21世紀美術館P27 販售)　左下圖起：東茶屋街(P42)/加藤晧陽堂(P100)的和菓子/國家指定重要文化財 志摩(P44)/十月亭(P48)的便當

四季繽紛的兼六園、旖旎艷麗的茶屋街、
五顏六色的玲瓏和菓子以及摩登脫俗的工藝品。
漫步於重視歷史和傳統文化的金澤街區中，
總能邂逅令人怦然心動的風景事物。
何不就此讓我們起身探訪這座北陸城下町，
重新領略日本的屏息之美呢？

左上圖起：東茶屋街(P42)/兼六園(P30) 左中圖起：箔座ひかり藏(P53)的羅緻化妝包/於成巽閣(P37)展示的成田家相關物品
左下圖起：國家指定重要文化財 志摩(P44)的三味線、茶室的和菓子和抹茶/千と世水引(P96)的迷你香雅/西茶屋街(P80)

3

彷彿悠遊於時光細流中。
尋找富有故事性的工藝品
可謂樂趣無窮。

金澤的和菓子
風情萬千。
美得令人難以
移開視線。

左上圖起：國家指定重要文化財 志摩（P44）的髮簪和梳子展示品/千と世水引（P96）的禮袋和香氣球、小袋子/金沢・クラフト広坂（P99）的杯裝針插和目細針/加賀てまり 毬屋（P96）的手毬/久連波（P50）的古布＆友襌吊飾/落雁 諸江屋（P100）的花兔、わびタンス/菓匠 高木屋（P101）的紙ふうせん

翻然來到午茶時間。
城下町的小歇片刻搭
配上抹茶和日式甜點
的完美組合。

現代藝術和日本圖樣
共譜出的絕佳合作。

金澤是什麼樣的地方？

隨處都能體會到加賀百萬石悠久傳統的城市

金澤作為北陸的中心都市，江戶時代乃加賀藩前田家的主要領地，是僅次於江戶、大坂和京都的繁華城下町。金澤至今仍保存如日本三名園之一的兼六園、茶屋街和武家宅邸遺跡等令人遙想藩政時代的風景。此外，金澤亦是完整傳承工藝品及和菓子等傳統文化的職人之都。

金澤城公園（☞P36）的石川門為江戶時代的建築

兼六園在春意爛漫的春天時，會有40種共420株的櫻花競相綻放（☞P30）

什麼季節最美？

繁花爭奇鬥艷的春季～初夏美食當道的冬季也充滿魅力

金澤被大海與群山環繞，氣候四季分明，因此春天～初夏之際有櫻花、杜鵑和鳶尾花等多種多樣的花卉妝點市容，冬季則多陰天且寒冷，但除了能見到雪吊、防雪草蓆等冬季限定的景觀外，更是日本海美食之王松葉蟹的盛產季節，就此展開一趟老饕之旅吧。

造訪金澤前的必備旅遊知識

只要事先掌握觀光重點和交通移動方式，想必金澤的旅行規劃和遊玩過程皆能順利達成。做妥準備的功課，整理好行囊踏上旅程吧。

該怎麼去？

從東京搭乘北陸新幹線約 2.5 小時
從名古屋或大阪則搭乘特急列車

2015年3月14日北陸新幹線開通後，東京～金澤站最快僅需2小時30分左右，移動時間大幅地減少。從名古屋或大阪搭乘特急列車則約需3小時。若選擇搭乘飛機，東京羽田機場前往小松機場約1小時，從小松機場搭乘巴士至金澤站約40分，交通十分便捷（☞P124）。

金澤站的象徵代表
為鼓門和款待巨蛋

觀光要花多少時間？

金澤街區小巧集中
僅需 2 天便能徹底遊玩

金澤的主要觀光區域分布於金澤站往東南方約3公里的範圍。由於巴士交通路線極為發達，景點間的移動並非難事。若只想快速瀏覽重要景點，則1日行程也很足夠。但選擇2天1夜行程的話，則可將兼六園、金澤21世紀美術館、東茶屋街和長町武家宅邸遺跡等主要觀光區域一網打盡（☞P10）。

隨處可見石板路和格子門
的東茶屋街（☞P42）

金澤＋多1天的觀光？

何妨走遠一些造訪
加賀溫泉鄉或能登半島

難得遠道而來，何不多增加1天行程，走遠一些造訪加賀溫泉鄉或能登半島呢？加賀溫泉鄉除了溫暖的真心款待、活用食材的美味料理和豐富多樣的療癒溫泉外，溫泉街的散步也是樂趣無窮。沿著能登半島海岸開車兜風亦十分推薦（☞P110）。

兜風奔馳於千里浜渚海
濱公路（☞P120）

第一次去金澤絕不可錯過的?

兼六園、金澤21世紀美術館和東茶屋街不容錯過

提到金澤便會聯想到兼六園（☞P30）。兼六園除了是國家的特別名勝外，也是獲得米其林觀光指南三星評價的名園。建築和展示作品皆獨具特色的金澤21世紀美術館，是座受到國內外高度矚目的現代藝術美術館（☞P22）。擁有優美典雅街景的東茶屋街也是必去景點（☞P42）。

兼六園（☞P30）的徽軫石燈籠不可不看

擁有豐富體驗型展示品的金澤21世紀美術館（☞P22）

金澤東茶屋街的懷華樓（☞P47）

想體驗金澤風情時?

三味線、加賀友禪 etc. 抱持輕鬆心情挑戰看看吧

金澤有許多能接觸到日本傳統文化的體驗選項。於東茶屋街可以挑戰彈奏三味線，或是租借加賀友禪和服漫步於古街上。想更深入瞭解茶屋文化者，最為推薦座敷體驗（☞P55）。於石川縣觀光物產館體驗手作正統和菓子也極受歡迎（☞P40）。

於福嶋三弦店（☞P55）挑戰彈奏三味線

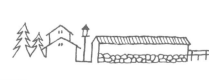

不可錯過的美味是？

一定要品嘗絕頂新鮮的
日本海海鮮與加賀料理

在食材多樣的金澤可享用到的美食不勝枚舉。務必盡情品嘗壽司（☞P88）、海鮮蓋飯（☞P60）和海鮮居酒屋（☞P90）等生猛海鮮。也別忘了在憧憬的料亭享用加賀料理（☞P84），或是使用麵麩和加賀蔬菜的餐點（☞P86）。午餐則可選擇當地的國民美食炸蝦蛋包飯（☞P74）。

近江町市場海鮮どん屋
（☞P60）的海鮮蓋飯

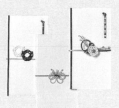

加賀てまり 毬屋
（☞P96）的
優雅手毬

千と世水引（☞P96）的小
巧可愛水引繩結

伴手禮要選什麼好？

傳統工藝品與和菓子
送禮自用兩相宜

九谷燒和加賀手毬等傳統工藝品最為推薦。販賣融入現代元素工藝品的藝廊也值得一窺究竟（☞P96・98），可愛玲瓏和菓子更是保留完整茶道文化的金澤獨到伴手禮（☞P100）。東茶屋街則隨處可見販售金箔小物等女性會喜歡的店家（☞P62）。

想要小憩片刻時？

請於町家咖啡廳放鬆身心
洗滌旅途間的勞累疲憊

休憩時間亦不忘追求講究，選擇改裝自町家（民宅）的時髦咖啡廳來演繹午茶時光吧。於東茶屋街使用茶屋的飲茶店也頗受歡迎，在老字號和菓子店則可享用當季的上生菓子搭配熱茶（☞P50）。於夜間營業的町家咖啡廳＆酒吧也廣受歡迎（☞P92）。

在茶房一笑（☞P50）
享用熱茶與和菓子

第1天

出發一！

10:45 金澤站

以鼓為造型設計的站前鼓門令人印象深刻。從東口的巴士轉運站展開金澤之旅。

11:00 兼六園

從桂坂口進入，散步於日本三名園的庭園。請密切注意徽軫石燈籠的兩隻柱腳長短不一（☞P30）。

初夏時曲水的鳶尾花美麗動人

清澈的水流和四季繽紛的各種植栽妝點35000坪的廣闊庭園。

於兼六園 三芳庵（☞P34）享用午餐。品嘗金澤傳統料理同時還可欣賞瓢池的美景。

13:45 金澤城公園

從兼六園桂坂口對側的石川門入園。石川門為江戶時代的建築（☞P36）。

連結橋爪門續櫓和菱櫓的五十間長屋規模宏大。令人遙想加賀百萬石的歷史偉業。

金澤21世紀 15:00 美術館

日本數一數二高人氣的現代藝術美術館。可供觀賞或體感的展示作品廣受好評（☞P22）。

以加賀友禪的圖案為創作靈感

色彩鮮艷的作品「市民藝廊2004.10.09-2005.03.21」（☞P24）。別忘了拍照留念。

於館內的美術館商店（☞P27）購買可愛的藝術原創商品。

從金澤21世紀美術館步行5分

於石川縣立美術館內的LE MUSÉE DE H KANAZAWA（☞P39）享用金澤限定甜點♪

18:30 香林坊

在受到當地居民喜愛的居酒屋いたる 本店（☞P90）大啖海鮮料理和當地產酒。

20:30 飯店

晚安…

考慮到翌日的交通移動，推薦住宿於金澤站前或香林坊周邊的飯店（☞P108）。

2天1夜的 極上金澤之旅

在此介紹最能完整體驗金澤的範例行程。
接觸典雅的傳統文化，沉浸於現代風格的藝術中。
享受美食和採買伴手禮更是樂趣無窮。

第2天

9:00 東茶屋街

金澤三茶屋街當中最具格式的茶屋街。推薦觀光客稀少的早朝散步（☞P42）。

色彩鮮艷的室內擺設

參觀將江戶時代的茶屋完整公開的國家指定重要文化財志摩（☞P44）。

茶屋街的和風雜貨店櫛比鱗次。將箔座ひかり藏（☞P53）的金箔小物當作伴手禮如何？

11:15 主計町茶屋街

從東茶屋街前往淺野川對岸的茶屋街。坡道和巷弄內饒富風情（☞P56）。

12:00 近江町市場

閒逛活力十足的市場。當地居民和觀光客都喜愛，人潮眾多，熱鬧非凡（☞P58）。

食材滿滿的海鮮蓋飯！

在市場內享用午餐。じもの亭（☞P61）等饕廳充分利用時令海鮮的海鮮蓋飯不可錯過。

午餐過後採購加賀蔬菜或加能蟹等伴手禮。可利用方便的宅配服務（☞P62）。

14:00 長町武家宅邸遺跡

土牆連綿的宅邸區殺盡底片。宛如穿梭時光回到江戶時代（☞P64）。

日式庭園療癒身心

參觀武家宅邸遺跡 野村家（☞P66·71）的庭園，其獲得海外庭園專業雜誌的高度評價。

流於長町附近的大野庄用水（☞P67）。建造於約400年前，是金澤市內歷史最久的用水。

16:00 金澤站

於金澤站內的金澤百番街「あんと」（☞P18）把握最後採買伴手禮的機會♪

和菓子非買不可！

金澤百番街聚集了金澤主要的和菓子店。可愛的和菓子（☞P100）是最佳伴手禮。

難得遠道而來

第3天要不要稍微走遠一些？

前往加賀溫泉鄉放鬆泡湯溫暖身心

從金澤搭乘鐵道和巴士約1小時可抵達。景點豐富的九谷燒故鄉，還能在山代溫泉（☞P112）或溪谷美景的山中溫泉（☞P116）享受溫泉風情。

前往能登半島投入絕美海景懷抱

能登地區被認定為世界農業遺產，可在此體驗到自然的鬼斧神工並品嘗美食。沿著海岸線自駕兜風，一路往半島的頂端而進（☞P120）。

ココミル
cocomiru

金澤 北陸

Contents

融合中西日三種風格的神社大門

發現挑逗少女心的和風雜貨！

彷彿會遇見武士的住宅街道

在懷舊的糖果屋前按下快門

雪吊宛如數件藝術作品

現代風格的庶
俗茶屋

清新自然的擺設極致美好

抹茶與和菓子溫暖窩心

現代藝術添進加賀友禪概念

拿起相機
開啟金澤的城市觀光之旅吧

令人感受到加賀百萬石歷史的城下町優美風景，由櫻花、嫩綠與紅葉交織而出的繽紛四季美景。住宅建築的裝潢擺設，以及表現於伴禮工藝品的美學意識，讓人忍不住想拍照留念的景點或物品可謂不計其數。

櫻花的嫩粉色點綴妝容兼六園

柳絲飄動，涼意沁透心頭

金澤市鎮是什麼樣的地方

金澤為保存完好加賀藩城下町昔日樣貌的北陸城下町。至今仍遺留著藩政時代特色的街景和風情，同時也是受到國際矚目的魅力觀光區域。

首先請先熟記金澤的7大觀光區塊

金澤的主要觀光景點可大致分為7大區塊。位於淺野川和犀川2條河川間的市中心有金澤21世紀美術館和兼六園，周邊有鬧區香林坊・片町・竪町、長町武家宅邸遺跡和近江町市場等景點。淺野川河畔有主計町和東茶屋街，犀川南側則有西茶屋街。

金澤適合搭乘巴士觀光

金澤主要的觀光景點集中分布在以金澤城為中心1.5km的半徑範圍。由於巴士交通網十分發達，大多數的移動利用巴士將可事倍功半。千萬別忘了將散步參觀城鎮風情的所需時間也考慮進去。（☞參照隨身地圖）

和觀光志工導覽一同巡遊金澤

除了有介紹金澤市內或近郊的志工導覽「まいどさん」（☞P71）外，還有金澤城・兼六園專屬的導覽服務、外語內容的導覽以及金澤手語觀光導覽「かがやきR」等，金澤有各式各樣不同種類的志工導覽服務。猶豫不知從何參觀起的人，建議可試著詢問看看。

金澤市觀光協會（まいどさん）☎076-232-5555、兼六園觀光協會 ☎076-221-6453、金澤Goodwill Guide Network ☎076-232-3933、「かがやきR」FAX076-233-9011(需1個月前事先申請)

かなざわえき
金澤站 ★ 詳細見P18

這裡作為觀光起點

款待巨蛋和鼓門為車站象徵。作為觀光代步工具的巴士幾乎都在兼六園口（東口）發抵。車站內有兼具購物&美食機能的金澤百番街。

以樂器的鼓為設計造型的鼓門

かなざわにじゅういっせいきびじゅつかん・けんろくえん
金澤21世紀美術館・兼六園 ①

・・・P20

金澤觀光的重頭戲，兼六園和金澤21世紀美術館皆在此地。此外，也是金澤城公園、美術館和博物館等聚集的文化區域。

往金石

◀徽軫石燈籠是兼六園的象徵
▼熱門的金澤21世紀美術館

JR北陸本線

往小松站

ひがしちゃやがい
東茶屋街 ②

往西泉

・・・P42

江戶時代由加賀藩規劃形成的茶屋街。連綿的格子門和豔麗的座敷文化流傳至今。茶屋改裝而成的咖啡廳和店鋪為數眾多。

往增泉

▼時尚的和式咖啡廳不勝枚舉

▲石板路和格子門的美麗街道

かずえまちちゃやがい
主計町茶屋街 ③

···P56

茶屋林立於淺野川沿岸，構成
風情萬種的街景。推薦華燈初
上的黃昏時分。

▲不妨於日落時分造訪

おうみちょういちば
近江町市場 ④

···P58

新鮮海鮮和加賀蔬菜一應俱全
的金澤居民愛用市場。海鮮蓋
飯和迴轉壽司的餐廳眾多。

▲受到當地居民和觀光客的喜愛

ながまちぶけやしきあと
長町武家宅邸遺跡 ⑤

···P64

中、上級武士的住宅區內，
連綿不絕的土牆彷彿時光倒
流至江戶時代。

▲仍瀰漫著江戶時代的氛圍

往七屋站↑ ↑往津幡站
↑往新高岡站
北陸新幹線
往金沢森本IC↑
金澤
北鐵金澤
159
城北大通り
359
主計町茶屋街 ③
② 東茶屋街
13
近江町市場 ④
146
浅野三
157
百万石通り
金澤城公園
⑤ 長町武家宅邸遺跡 10
往山側環狀
香林坊 ⑥
159
⑥ 竪町
片町 ⑥
① 兼六園
① 金澤21世紀美術館
⑦ 西茶屋街
10
往湯涌溫泉
144 N
南大通り 0 300m
往內川水壩
往小松

▲保存完好的美麗西茶屋街

にしちゃやがい
西茶屋街 ⑦

···P80

和東、主計町並列為金澤三茶
屋街之一的茶屋街。附近有妙
立寺等觀光景點。

こうりんぼう・かたまち・たてまち
香林坊・片町・竪町 ⑥

···P72

百貨公司和大廈林立，北陸地
域具代表性的鬧區。也有餐廳
雲集的美食區域。

▲人聲鼎沸的熱鬧區域

交通便捷購物便利，
前往金澤的玄關口，金澤站內大探祕

北陸新幹線、JR北陸本線·七尾線、IR石川鐵道等匯集之處的金澤站，來自國內外的觀光客逐年增加而顯得朝氣蓬勃，車站內的美食和購物選項更是琳瑯滿目。

投幣式置物櫃位於「金澤港口」的附近

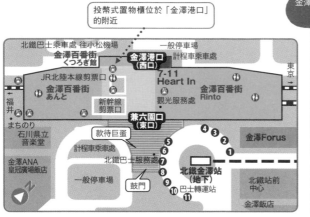

金澤站的象徵地標
鼓門

從兼六園口（東口）出站後便可見到玻璃帷幕的款待巨蛋。其對側則是以鼓為造型設計的鼓門，同時也是前往金澤市區的出入口。

車站內部的購物&美食區域有 3 館

かなざわひゃくばんがいあんと
金澤百番街あんと

石川縣的名產齊聚一堂

名菓、特產品、當地產酒和傳統工藝品等，最適合作為伴手禮的產品匯集於此。另有以新鮮食材為傲的壽司店以及日式、西式料理的餐廳。

🏠JR金澤站內 ☎076-260-3700
🕐8時30分~20時（餐廳為11~22時※因店而異）🈳無休 MAP P134A1

最適合大肆採買伴手禮

かなざわひゃくばんがいくつろぎかん
金澤百番街くつろぎ館

在此購買生鮮類產品

共有1~4層樓，1樓有數間咖啡廳、便利商店、西餐廳和麵包店。樓上除了拉麵、居酒屋等店鋪外，也有生鮮類產品的超市及藥妝店。

🏠JR金澤站內 ☎076-260-3700
🕐7~23時（因店而異）🈳無休 MAP P134A1

種類豐富多樣的餐廳雲集

かなざわひゃくばんがいりんと
金澤百番街Rinto

多采多姿的商店齊聚一地

位於車站北側的購物商圈販售流行服飾、生活雜貨、飾品和化妝品等。除了名牌店鋪外，還設有書店、咖啡廳和餐廳。

🏠JR金澤站內 ☎076-260-3700
🕐10~20時（因店而異）🈳無休 MAP P134A1

金澤的流行時尚基地Rinto

車站內設有自行車租借處「まちのり」提供自行車租賃服務

金澤市所設置的自行車租借服務處。可於市區共21處的租借處出借或返還自行車。只要於30分內還車後再租借，1日內無數次的租借也只需200日圓。☎0120-3190-47(まちのり)服務處 ⏰9～18時

GET最火熱的金澤觀光資訊

▼獲得金澤最新資訊和觀光手冊

かなざわえきかんこうあんないしょ
金澤站觀光服務處

可作為金澤觀光據點的服務處，能在此向駐點的服務員詢問觀光的相關資訊。還能接受雨傘或長靴的出借，以及預約當日飯店的住宿。

🏠JR金澤站內 ☎076-232-6200 ⏰8時30分～20時 休無休 MAP P134B1

巴士轉運站位於剪票口出站之處

從兼六園口（東口）出站後左手邊即是巴士轉運站。首先必須確認的是位於前方、註明前往主要觀光景點的巴士路線告示牌。一旁設有北鐵巴士的服務處。

於金澤站賞味傳統工藝品!?

金澤為傳統工藝品的寶庫。金澤站隨處可見工藝品蹤影，あんと內設有迷你藝廊，北陸新幹線的候車室內還展示著30種共236項的作品。新幹線月台的柱子外則是由金澤箔的圖板包裹而成。被美國旅行雜誌『Travel+Leisure』評選為「14座世界最美的車站」的理由可想而知。

1展示九谷燒和金澤箔等工藝品的迷你藝廊「群青之廣見」**2**月台的60根柱子上裝設的金箔圖板。約使用2萬枚邊長11公分的正方形金箔

讓我們發現車站內的美味餐廳吧！

すし れきれき かなざわえきてん
鮨 歷々 金澤站店

用親民價格嘗到名壽司店的味道

名店「鮨みつ川」的姊妹店，低廉的價格是其迷人之處。除了有包含石川的北陸海鮮食材為主的壽司外，單點料理也任君挑選。最受歡迎的是主廚精選套餐（附卷壽司和湯）2160日圓～。🏠金澤百番街あんと ☎076-254-5539 ⏰11～21時30分LO 休無休 MAP P134A1

當季壽司10貫搭配原創手捲與湯品的主廚精選套餐3456日圓

きせつりょうり おでん くろゆり
季節料理 おでん 黑百合

傳承超過50年的美好滋味

金澤站內創業超過50年的老店。謹守自開店起採用的高湯秘方，將老主顧的胃牢牢抓住的熱門餐廳。有車麩麵麩150日圓、油豆腐220日圓和白蘿蔔240日圓等選擇。🏠金澤百番街あんと ☎076-260-3722 ⏰10～21時30分LO 休無休 MAP P134A1

午餐有包含烤豆腐、魚丸和魚漿棒等3種關東煮的關東煮定食680日圓

るうとぱすたぶどうのき
ルウとパスタぶどうの木

厚度3公分的誘人鬆餅

除了有咖哩塊或濃湯搭配義大利麵的創新組合880日圓～外，甜點的選項也很多。草莓&鮮奶油塔舒芙蕾和石川縣產牛奶布丁450日圓最受歡迎。🏠金澤百番街くろぐ館 ☎076-222-1818 ⏰10～20時LO 休無休 MAP P134A1

草莓&鮮奶油塔舒芙蕾650日圓有著滿滿的鮮奶油

重點看過來！

前往加賀藩的
相關景點

金澤城公園或成巽閣等景點，令人遙想加賀百萬石當時的盛況。（☞P36）

重點看過來！

在金澤21世紀美術館
欣賞現代藝術

特殊的建築和展示作品引起各界矚目，來自日本國內外的訪客眾多。（☞P22）

重點看過來！

漫步於國家特別名勝
的兼六園

加賀藩歷代藩主耗費漫長歲月打造而成。廣大的大名庭園。（☞P30）

金澤21世紀美術館・兼六園
就在這裡！

於此區域邂逅新舊兩面的金澤

金澤21世紀美術館・兼六園

成巽閣中展示藩主的相關物品

かなざわにじゅういっせいきびじゅつかん・けんろくえん

是這樣的地方

金澤市的中心區域，除了有金澤的觀光重點兼六園和金澤21世紀美術館外，還有金澤城公園與博物館等為數眾多的觀光景點。令人感受到加賀百萬石悠久歷史的景點，與現代化的空間相互調和搭配。

身處都市中卻綠意盎然，適合悠閒散步其間。

a c c e s s

●**金澤站兼六園口（東口）出發**

【北鐵巴士】
前往兼六園需搭乘經橋場町往小立野的巴士11分，於兼六園下・金沢城下車。前往金澤21世紀美術館需搭乘經本多町往東部車庫的巴士13分，於広坂・21世紀美術館下車

【城下町金澤周遊巴士】
到兼六園下・金沢城搭右迴17分，到広坂・21世紀美術館搭右迴19分

洽詢
☎076-232-5555 金澤市觀光協會
廣域 MAP P139D・E・F1～4

～金澤21世紀美術館‧兼六園 快速導覽MAP～

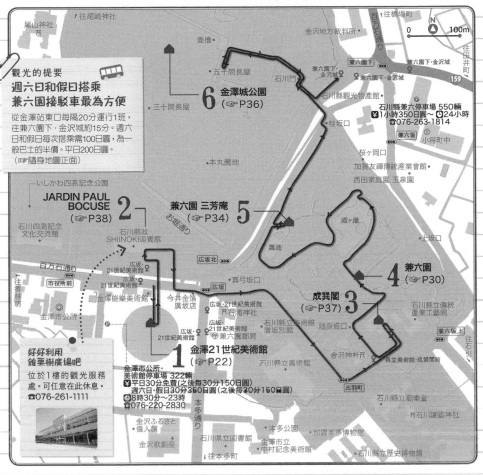

觀光的提要
**週六日和假日搭乘
兼六園接駁車最為方便**

從金澤站東口每隔20分運行1班，
往兼六園下‧金沢城約15分。週六
日和假日每次搭乘需100日圓，為一
般巴士的半價。平日200日圓。
(☞隨身地圖正面)

尾山神社戶　　往尾崎神社
菱櫓
往橋場町
金沢地方裁判所
百万石通り
往田井町

6 金澤城公園
(☞P36)

五十間長屋
三十間長屋
石川門
兼六園下‧
金沢城
兼六園下
兼六園下‧金沢城
159

石川縣觀光物產館
石川縣兼六停車場 550輛
☎1小時350日圓～ ☐24小時
☎076-263-1814

桂坂口
兼六坂
小将町中

本丸園地
桜ヶ岡口
加賀友禪傳統産業會館
西田家庭園 玉泉園

**JARDIN PAUL
BOCUSE**
(☞P38) **2**

いしかわ四高記念公園

石川四高記念
文化交流館

石川縣政
SHIINOKI迎賓館

兼六園 三芳庵 5
(☞P34)

お城通り

霞ヶ池
瓢池

上坂口

百万石通り

往香林坊

市役所前

7

広坂‧
21世紀美術館
広坂‧
21世紀美術館

広坂北

広坂

真弓坂口

兼六園 4
(☞P30)

金澤能樂美術館

今井金箔
廣坂店

広坂‧神社

成巽閣 3
(☞P37)

隨身坂口

石川縣立傳統
産業工藝館

兼六坂上

往石引

**好好利用
鈴栗樹廣場吧**

位於1樓的觀光服務
處。可任意在此休息。
☎076-261-1111

P

広坂‧
21世紀美術館

広坂‧
21世紀美術館
兼六園郵局

石川縣立美術館
廣坂別館

1 金澤21世紀美術館
(☞P22)

金澤市公所‧
美術館停車場 322輛
☎平日30分免費(之後每30分150日圓)
週六日‧假日30分350日圓(之後每30分150圓)
☐8時30分～23時
☎076-220-2830

石川神社戶

石川縣立美術館

金沢神社戶

縣立美術館‧成巽閣前

出羽町

石川縣立能樂堂

金沢ふるさと
偉人館

金沢歌劇座

本多通り

本多公園

石川県立図書館

金澤市立
中村記念美術館

往本多町

加賀本多博物館

石川縣護國神社

石川縣立歷史博物館

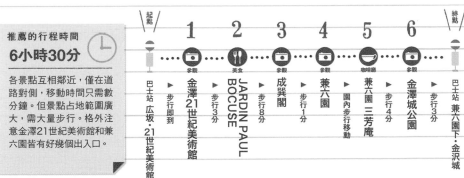

推薦的行程時間
6小時30分

各景點互相鄰近，僅在道
路對側，移動時間只需數
分鐘。但景點占地範圍廣
大，需大量步行。格外注
意金澤21世紀美術館和兼
六園皆有好幾個出入口。

起點	1	2	3	4	5	6	終點
	參觀	美食	參觀	參觀	咖啡廳	參觀	
巴士站 広坂‧21世紀美術館	▶ 步行即到 金澤21世紀美術館	▶ 步行3分 JARDIN PAUL BOCUSE	▶ 步行8分 成巽閣	▶ 步行1分 兼六園	▶ 園內步行移動 兼六園 三芳庵	▶ 步行4分 金澤城公園	▶ 步行3分 巴士站 兼六園下‧金沢城

0　　100m
N

金澤21世紀美術館‧兼六園

21

現代藝術竟會如此樂趣無窮！
金澤21世紀美術館

參觀所需
2小時

自2004年開館後，以全國名列前茅的入館者數為傲的現代藝術美術館。
觀賞、感受、時而觸摸，徜徉於自由的創意靈感中隨心所欲地享受樂趣。

妹島和世+西澤立衛／
SANAA設計的球形
裝置藝術「圓」

かなざわにじゅういっせいきびじゅつかん
金澤21世紀美術館

令人流連忘返的親近感和
可供體感的特殊展示為魅力之處

玻璃圍繞的圓形美術館的建築概念是「都市中宛如公園般的開放式美術館」。身為能刺激感性的現代美術館，逐年受到日本國內外的高度矚目。美術館沒有固定的入口，而是從四面八方皆能入館的開放式空間。館內分為免費的「交流區」和付費的「展覽區」，可在此欣賞到變化多樣的現代藝術作品。

無正面入口而是從四面八方進入的圓形美術館

☎076-220-2800 住金沢市廣坂1-2-1 交流區為 ¥免費 ⏰9～22時(因店而異) 休過年期間，展覽區為 ¥付費(因內容和時期而異) ⏰10～18時(週五六～20時) 休週一(逢假日則翌平日休)、過年期間 交廣坂・21世紀美術館巴士站即到 P地下停車場322輛(付費) MAP P139D3

讓我們認識美術館的構造以及**5**項備受矚目的作品

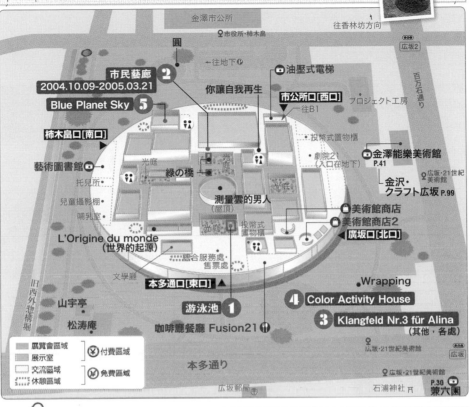

市民藝廊 ②
2004.10.09-2005.03.21

Blue Planet Sky ⑤

金澤市公所
市役所・柿木畠
往香林坊方向
往地下P
你讓我自我再生
油壓式電梯
市公所口[西口] ▼
往B1
プロジェクト工房
投幣式置物櫃
劇院21（入口在地下）
金澤能樂美術館 P.41
金沢・クラフト広坂 P.99

柿木畠口[南口]
藝術圖書館
托兒所
兒童攝影棚
哺乳室
光庭
綠的橋
光庭
測量雲的男人（屋頂）
光庭
美術館商店
美術館商店2
廣坂口[北口]

L'Origine du monde
（世界的起源）
光庭
投幣式置物櫃
綜合服務處・售票處
文學廳

本多通口[東口] ▲
游泳池 ①
咖啡廳餐廳 Fusion21

Wrapping
④ Color Activity House
③ Klangfeld Nr.3 für Alina
（其他，各處）

山宇亭
松濤庵

展覽會區域	¥ 付費區域
展示室	
交流區域	免費區域
休憩區域	

本多通り
広坂郵局
石浦神社
兼六園 P.30

各項作品最適合欣賞的時間表

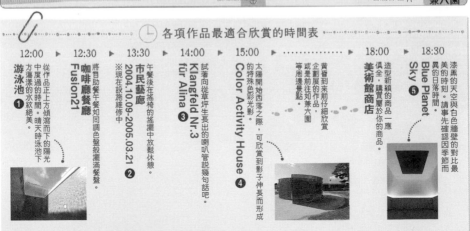

12:00 ► 12:30 ► 13:30 ► 14:00 ► 15:00 ► 18:00 ► 18:30

游泳池 ①
從作品正上方傾瀉而下度過的時間。晴天時泳池下方潺潺的水紋絕美。

咖啡廳餐廳 Fusion21
將自助餐午餐如同調色盤般擺滿餐盤。

市民藝廊 2004.10.09-2005.03.21 ②
午餐後在搖椅的搖擺中放鬆休憩。※現在設施維修中

Klangfeld Nr.3 für Alina ③
試著向從草坪生長出的喇叭管說幾句話吧。

Color Activity House ④
太陽開始向西落之際，可欣賞到影子伸長而形成的特殊色彩光影。

黃昏到來前仔細欣賞企劃展的作品，或是前往如兼六園等周邊景點。

美術館商店 ⑤
造型新穎的商品一應俱全，購買屬於你的商品。

Blue Planet Sky ⑤
漆黑的天空與白色牆壁的對比最美的時刻。請事先確認因季節而異的日落時間。

美術館共有4個入口，由於可直接穿過館內，所以也是市民的散步路線之一。

圓美愛好者們的寶貴見解
備受矚目作品的「魅力所在」

由於建築的圓形外觀而有「圓美（まるびぃ）」暱稱的金澤21世紀美術館，同時也受到了當地居民的喜愛。在此請活躍於金澤的5位名人，向我們介紹美術館熱門作品的鑑賞之道。

身處游泳池畔，或是水中！
在這裡大家都是好朋友
游泳池

作者：Leandro Erlich 製作：2004年
MAP P23 ❶

從免費區的地面向下望是充滿水的游泳池。但卻有行走於水中的人群……。以泳池的水面為界，從地上往下望的人，及從付費區的地下抬頭往上看的人，光線透過水波盪漾的池水帶來療癒感，讓所有人遇見不可思議世界的作品。

¥ ※地下需付費，地上免費
付費區

陽光映照在泛起的陣陣漣漪上，創造出幻想般的空間

> 和素昧平生的人彼此揮手示意的畫面令人會心一笑。

岩本工房的
岩本步弓小姐
除了幫忙家中事業的金澤桐工藝店外，也同時從事活動企劃。

SANAA的搖椅和壁畫某處的圖案相同

從未料想日本的圖案
竟會是如此地鮮豔動人
市民藝廊
2004.10.09-2005.03.21

🚫 免費區

作者：林明弘 製作：2004年
MAP P23 ❷

高4公尺，寬27公尺的牆壁上描繪著花卉圖案，其靈感來自於加賀友禪的古典圖案。坐在與SANAA（☞P28）合作的搖椅上拍照留念，或是遠眺眼前的光庭等，可享受多種欣賞方式。

※現在設施維修中，重新開放時間未確定。

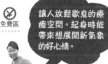

> 讓人放鬆歇息的療癒空間。起身時能帶來想展開新氣象的好心情。

金工作家的
秋友美穗小姐
活躍於東茶屋街附近的金澤町家職人工房。

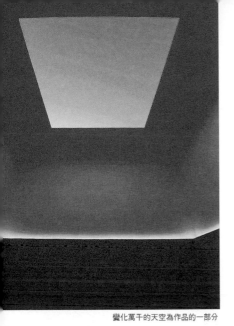
變化萬千的天空為作品的一部分

於藝術圖書館中閱讀

坐在Arne Jacobsen的名作品天鵝椅上，自由閱讀專業書籍和藝術雜誌。也可欣賞影像作品與搜尋館藏作品。
MAP P23左

讓人不禁重新思考理解
原來天空有如此多種樣貌
Blue Planet Sky
免費區

作者：James Turrell　製作：2004年
MAP P23 ⑤

房間的天花板部分被挖空邊長約10公尺的正方形，坐在長椅抬頭眺望天花板，可見無時無刻變化的天空顏色、雲朵流動和光影折射。尤其於日落時分可見到作者經過嚴密計算過的投影效果。彷彿作者向欣賞者投問「你是如何感受光影的呢？」

雨天時望著灰暗的天空，聆聽雨聲也是另一種體驗。

antique VerMeer的 鹽井增秧先生
西歐骨董店的店長。同時也是在地刊物《天空漫步》的總編輯。

暗語是「喂喂聽得到嗎？」
連繫起彼此的樂趣無窮
Klangfeld Nr.3
für Alina
免費區

作者：Florian Claar　製作：2004年
MAP P23 ③

環繞美術館的草坪上有12座高約1公尺形同喇叭的銀管。每2座喇叭管都彷彿如紙杯電話般和其他某座喇叭管互相連通。想知道哪2座相通，不如向內喊話看看。

適合和小朋友一同玩耍。能聽見意想不到聲音的作品。

phono的 尾崎華小姐
經營北歐中古家具店phono（新豎町）和法國的古道具店コトノエ。

善用廣闊占地特色，受到男女老幼歡迎的作品

©2010 Olafur Eliasson

仔細觀察帶有顏色的影子，因天氣和時間帶色彩隨之變化

日常風景變身為先端藝術
尋找自己最喜愛的欣賞角度
Color Activity
House
免費區

作者：Olafur Eliasson　製作：2010年
MAP P23 ④

紀念開館5週年所創作的作品。直徑約10公尺的漩渦狀玻璃牆，塗裝代表3原色的青色、品紅色和黃色。從作品的內或外觀看重疊的色牆，能見到各式各樣的色相風景。

彷彿進到電視當中般，能感受到不可思議盛覺的作品！

オヨヨ書林的 山崎有邦先生
以網路二手書店起家的書店店長。於金澤市內設有2家店鋪。

 現代藝術沒有既定的觀賞方式，重視隨心所欲。找到只屬於自己的觀賞角度吧。

就連午餐&伴手禮
也要染上藝術氣息

館內除了能在藝術氛圍中享用午餐外，還有富設計感的伴手禮商店。
無論是午餐或伴手禮，都要執著享受藝術氣息。

在宛如調色盤的餐盤上
藝術擺盤 *Eat!*

開始創作！

- 五郎島金時的拔絲地瓜
- 生漬海鮮
- 醃漬加賀蔬菜
- 薄切生牛肉
- 雞肉陶罐派
- 菠菜蛋卷
- 金時草蕎麥麵
- 煙燻鮭魚

Fusion午餐 1800日圓
（前菜自助餐+自選主菜）

※前菜內容因季節而異

かふぇれすとらんふゅーじょんにじゅういち
咖啡廳餐廳Fusion21

調色屬於自己的美食藝術

以白色為基調的時尚空間令人印象深
刻。調色盤形狀的餐盤上以當地食材
為主的各式料理，自助式午餐受到饕客
們的喜愛。將餐盤化身為繪布，揮灑出
屬於自己的美味藝術。

☎076-231-0201 🕐10～20時(19時LO、午
餐時間為11時30分～14時) 🈲週一(逢假日則
翌日休) MAP P23右下

1 從大型落地窗
眺望屋外作品時
享用美食 2 提供
超過30種的美味
料理

午茶時光何不
休憩小歇一會？

加賀紅茶
敬請享用套餐
1155日圓

能一次品嘗到甘甜香氣的加賀
紅茶，以及使用五郎島金時、石
川縣產越光米等當地食材的塔
與法式烘餅。

何不帶著手巾悠閒散步!?

手巾
各1080日圓 ❷
印繪從金澤站到金澤21世紀美術館
的地圖手巾。共有3種顏色。

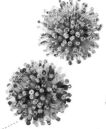

依季節不同而變換
顏色

NOVA戒指
1個1080日圓 ❶
倫敦飾品品牌的戒指。愉悅的
造型和鮮豔的配色十分可愛，
指環部分為伸縮材質。

要買藝術
便條紙嗎？

KUDAMEMO
各2160日圓 ❶
將果肉!?剝下來後變成一
張張便箋。有蘋果和洋梨
2種。

少女心洋溢的
可愛卡片

公主不倒翁卡片
4張1組 1080日圓 ❷
設計成不倒翁造型的卡片。
裝進一般尺寸的信封後可用
70日圓寄送回台灣。

My Pocket
1個1728日圓 ❶
美術館館長所企劃製作
的布製小袋。可用安全
別針縫於衣物上。
※數量有限，
有可能缺貨或圖案不同

像飾品一樣
可隨意搭配

宣傳
冰品之都！

magma貼紙
540日圓 ❶
以21世紀的金澤為主題的貼
紙。放入了日本全國冰品消
費量第一的金澤特色元素。

有 2 間美術館商店
該選擇哪間 *Buy?*

將手機裝飾得
更加華麗

水引繩結吊飾
各1500日圓 ❷
水引繩結老字號專賣店
與工藝設計師合作孕育
的吊飾作品。

SHOP DATA

美術館商店 ❶
國內外藝術品齊聚一堂
☎076-236-6072 🕙10～18時
30分（週五六～20時30分）🈲週一
（逢假日則翌日休）**MAP** P23右下

美術館商店2 ❷
別處買不到的原創商品
☎076-236-6072 🕙10～18時
30分（週五六～20時30分）🈲週一
（逢假日則翌日休）**MAP** P23右下

📖 美術館商店有一般書店難以買到的展覽會圖錄或專業書籍等豐富選擇。

深度瞭解藝術家們的創作背景
便能更加享受作品鑑賞樂趣

館藏作品的製作者皆是世界上赫赫有名的藝術家。
揭開藝術家神秘面紗，能更加瞭解作品的創作理念。

金澤21世紀美術館的
建築設計師

さなあ

SANAA

妹島和世（1956年，茨城縣出身）與西澤立衛（1966年，神奈川縣出身）的男女建築師組合。1990年西澤立衛進入妹島和世建築設計事務所工作，5年後創立了SANNA。除了法國羅浮宮等美術館建築外，也多方參與空間構成等設計。擅長設計與流動空間交流的建築，2010年獲得有「建築界的諾貝爾獎」之稱的「普立茲克獎」。

●主要作品：熊野古道中邊美術館（和歌山縣）、洛桑聯邦工科大學ROLEX學習中心（瑞士）等

攝影：中道淳／Nacasa & Partners，照片提供：金澤21世紀美術館　©DEAN KAUFMAN

©TAKASHI OKAMOTO

©SANAA /IMREY CULBERT / Celia Imrey et Tim Culbert - MOSBACH PAYSAGISTE / Catherine Mosbach Photographie © Hisao Suzuki

受到國內外高度評價的 SANAA

1 黃昏時分宛若照亮城市的燈具 **2** 紐約的新當代藝術博物館 **3** Lens（法國）的羅浮宮美術館分館。從巴黎前往Lens搭乘TGV約1小時

坐上 SANAA 設計的椅子吧

兔子椅
像隨手畫出的左右非對稱「耳朵」別具特色。放置於市公所一側的通道。

水滴椅
可愛水滴造型為特徵。數個為1組，放置於環繞美術館的草坪上。

花朵椅
結合3片花瓣形狀的座椅。放置於油壓電梯下樓後出來的地下樓層。

Blue Planet Sky（2004）
的作者

James Turrell

1943年出生於洛杉磯（美國）。活用知覺心理學和數學的學習經驗，藉由身體的感覺運作來探索知覺的本質。作品多為光線主題的裝置藝術。

●主要作品：Roden Crater（美國）、光之館（新潟縣）等

從天花板觀賞天空的表情
MAP P23 **5**

Color Activity House（2010）
的作者

Olafur Eliasson

©2010 Olafur Eliasson

1967年生於哥本哈根（丹麥）。使用光影色彩和鏡子，觀察眼睛如何感受到的各種現象，並且探討其過程。純粹以眼睛欣賞就能感到樂趣為作品特徵。

●主要作品：New York City Waterfalls（美國）等

夜間點燈後與白天迥異不同的感受　**MAP** P23 **4**

L'Origine du monde 世界的起源 (2004)
的作者

Anish Kapoor

１９５４年生於孟買（印度）。以人類存在與和萬物間的關係為主題，使用木漆和大理石等各式各樣的素材，製作的作品孕育出超越次元的未知空間，利用錯覺讓人重新思考空間概念。

●主要作品：Marsyas（英國）等

照片提供：金澤21世紀美術館

往前方站，可從各種角度欣賞漆黑橢圓
MAP P23 左下

Klangfeld Nr.3 für Alina (2004)
的作者

Florian Claar

1968年生於斯圖加特（舊西德）。以製作數學和音樂的經驗為根基，創造出利用聲音和波紋的數據解析資料為參考的作品。

●主要作品：Fragment No.5（東京都）等

2004年開館同時製作的作品
MAP P23 ❸

The Swimming Pool (2004)
的作者

Leandro Erlich

1973年生於布宜諾斯艾利斯（阿根廷）。在宛如錯覺畫的世界中，讓欣賞者的知覺產生錯亂是其作品特色。令人重新思考關於人類存在的本質。

●主要作品：不在的存在（香川縣）、水平的建築（法國）

和夜間點燈相輝映營造幻想的空間
MAP P23 ❶

Wrapping (2005)
的作者

LAR／Fernando Romero

1971年生於墨西哥市（墨西哥）。從直角流往流動的結構等獨特設計為作品特徵。作品包括從文化設施到住宅等多元領域。

●主要作品：索馬亞美術館（墨西哥）等

> Wrapping是將鋼管組合，彷彿遊樂設施的作品。請前往當地親眼一探究竟！

MAP P23 右下

市民藝廊
2004.10.09-2005.03.21(2004)
的作者　　※現在設施維修中

林明弘

1964年生於東京（日本）的台灣人。活用台灣、美國和巴黎等異文化圈的生活經驗，孕育出超越傳統框架的作品表現為特徵。

●主要作品：無題（青森縣）、溫室（福岡縣）等

在以白色為基調的館內，鮮艷圖案格外引人注目
MAP P23 ❷

綠之橋 (2004)
的作者

Patrick Blanc

1953年生於巴黎（法國），同樣也是植物學者。著眼於在受限的條件環境中栽種植物，而創作出在建築外牆種植植物的作品。

●主要作品：卡地亞當代藝術基金會（巴黎）等

約100種適合金澤氣候生長的植物覆蓋住建築
MAP P23 中央

測量雲的男人 (1998)
的作者

Jan Fabre

1958年生於安特衛普（比利時）。昆蟲和蜘蛛的素描或是使用動物標本的雕刻等，作品廣泛表現生死、宗教和科學等普世的議題。

●主要作品：升空天使們之牆、葉竹節蟲（皆為同館收藏）

從電影《終身犯》獲得靈感。人形為作者本身
MAP P23 中央

你讓自我再生 (2004)
的作者

Pipilotti Rist

1962年生於Rheintal（瑞士）。擅長現代風的流動色彩，以及融合影像與音樂的作品表現。在其怪異驚悚的作品風格中，能窺見對於人類存在的體貼悲憫。

●主要作品：Ever is over all（美國）等

攝影：木奧惠三、照片提供：金澤21世紀美術館

洗手間內也有藝術。設置再生的神聖場所與祭壇
MAP P23 中央上

四季更迭而美景風華各異！
米其林三星評價的兼六園

參觀所需
1小時30分

名列日本三名園之一，是江戶時代大名庭園的主要代表象徵。
2009年獲選為米其林觀光評價的最高等級三顆星，備受各界矚目的名園。

徽軫石燈籠和霞池為代表兼六園的風景

けんろくえん
兼六園

令人感受到加賀百萬石的典雅
被指定為國家特別名勝的名園

為了營建金澤城的外庭，從5代藩主前田綱紀開始，歷代藩主花費將近180年的歲月所完成的庭園。與水戶的偕樂園、岡山的後樂園並列為日本三名園之一。庭園風格為能隨意遊逛園內各處的林泉回遊式。地形起伏35000坪的庭園中，擁有池塘、曲水和瀑布等豐富多樣的流水造景，豐富多樣的植栽繽紛了四季。

雁行橋等各式各樣的橋樑也值得一見

☎ 076-234-3800(金澤城・兼六園管理事務所)
🏠金沢市兼六町1　¥310日圓(有免費開放日，需洽詢)🕖7~18時(10月16日~2月底為8~17時)
🈚無休 🚌巴士站兼六園下金沢城步行3分 🅿️石川縣兼六園下停車場550輛(付費) 🅼🅰️🅿️P139E・F2~3

江戶時代末期建造的日本最古老噴水池

花色3次變換的兼六園菊櫻

擁有超過300片花瓣，圓潤可愛的櫻花品種。從深紅轉變為淡紅，最終化為白色的3次花色轉換。觀賞時期為4月下旬到5月上旬。

米其林三星的兼六園

四季景觀重點總整理

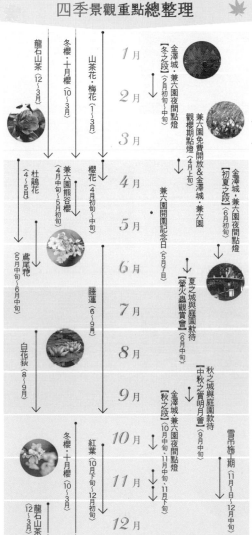

春

420株櫻花等花草樹木於園內爭奇鬥艷

早春時有約200株的紅白梅花開始綻放，進入4月後40種共420株的櫻花將園內染成嫩粉色。還有兼六園菊櫻、兼六園熊谷櫻和旭櫻等，也有珍貴的櫻花品種。

夏

曲水新綠和鳶尾花的相互輝映

初夏時分翠綠中的鮮粉色杜鵑炫彩奪目，鳶尾花的鮮豔紫點點綴了曲水。新綠的美難以言喻，青苔在灑落的陽光下閃閃發光。

秋

著色的樹木將園內染成紅黃艷彩

從山崎山到霞池中的蓬萊島，一直延續至翠瀑布附近。紅葉從高台開始，緩緩地往下延伸。11月1日起的雪吊施工，為晚秋的代表景色之一。

冬

純白的雪堆積成層化身水墨畫的景色

堆積於唐崎松樹枝上的白雪，以及圓錐形雪吊的幾何學圖案，醞釀出清冽的美感。冬季清晨凜冽的黑白風景則宛如一幅水墨巨作。

龍石山茶〈12～3月〉

冬櫻・十月櫻〈10～3月〉

山茶花・梅花〈1～3月〉

杜鵑花〈4～5月〉

兼六園熊谷櫻〈4月中旬～5月初旬〉

櫻花〈4月初旬～中旬〉

鳶尾花〈5月中旬～6月中旬〉

睡蓮〈6～9月〉

白花狄〈8～9月〉

冬櫻・十月櫻〈10～3月〉

紅葉〈10月下旬～12月初旬〉

龍石山茶〈12～3月〉

金澤城・兼六園夜間點燈【冬之段】〈2月初旬～中旬〉

兼六園免費開放＆金澤城觀櫻期間點燈〈4月上旬〉

兼六園開園紀念日〈5月7日〉

夏之城與庭園款待【螢火蟲觀賞會】〈6月中旬〉

金澤城・兼六園夜間點燈【初夏之段】〈6月初旬〉

秋之城與庭園款待【中秋之賞明月會】〈9月中旬〉

金澤城・兼六園夜間點燈【秋之段】〈10月中旬、11月初旬～11月下旬〉

雪吊施工期〈11月1日～12月中旬〉

1月
2月
3月
4月
5月
6月
7月
8月
9月
10月
11月
12月

讓我們盡情漫步於
日本三名園之庭園當中吧

和水戶的偕樂園、岡山的後樂園齊名，被譽為名園的兼六園。
植栽、橋以及觀光海報上常見的燈籠等，在此介紹園內的必看景點。

1 ことじとうろう 徽軫石燈籠

兼六園的代表象徵

原本用途為賞雪燈籠

據說明治時期因某個緣故，使得燈籠的單隻柱腳折斷而顯得較短。根據往昔的繪圖指出2隻柱腳曾經長短相同。因形似支撐琴弦的「琴柱」而得名。

2 からさきのまつ 唐崎松

令人感受到威風凜凜的風格

雪吊的施工從這株松樹開始

面對霞池聳立的雄偉黑松樹。為13代藩主齊泰從琵琶湖畔的唐崎取得種子後栽種而成，樹齡估計有180年。

3 がんこうばし 雁行橋

傳說中眺望橋景便能長命百歲

連結11顆赤戶室石的切石橋

因形似雁鳥成列飛行而得名。由於石頭的形狀貌似龜殼，所以又被稱為龜甲橋。

傳說中眺望橋景便能長命百歲

4 はなみばし 花見橋

橋上為賞花的最佳地點

櫻花的季節景色真是春光爛漫

欄杆的柱頭裝設著擬寶珠的木製橋。由於4月能在此賞櫻花，5月能賞曲水的鳶尾花和杜鵑花因而得名。橋下有曲水蜿蜒流過。

5 ねあがりのまつ 根上松

請注目隆起高達2公尺的樹根

據說是13代藩主前田齊泰親手栽種的松樹

40多條的樹根於地面上盤根糾結高達2公尺，充滿魄力的巨松。據說在堆積土丘後種植松樹，成長後再刨土露出樹根而成。

散步時無意間發現的小小美好！

大隻鯉魚悠哉地游水

多種多樣的青苔閃閃發光

鷺鷥等鳥類也翩然來訪

矮胖的可愛造型燈籠

金澤地名的由來為金城靈澤

傳說中芋掘藤五郎在此將和芋頭一起出土的砂金在此清洗，並且分給附近的居民，「洗金的水澤」便成了「金澤」的地名由來。 MAP P33下

試著從不同的角度欣賞吧

6 霞池
かすみがいけ

園內最大的池塘。以此為中心，有蠑螺山、內橋亭、徽軫石燈籠、唐崎松和蓬萊島等名勝，構成了具代表性的景觀。

徽軫石燈籠的對側可見廣闊的視野

0　　　50m

N

7 噴泉
ふんすい

據說為金澤城噴水池的試作品，日本庭園中罕見的噴水池。從霞池牽管引水，利用自然的水壓向上噴水。

現存日本最古老的噴水池

巧妙利用園內高低差的噴水構造

秋季可見的日本紫珠

往金澤城公園

自兼六園下

石川橋

桂坂口

見城亭

櫻岡口

1 徽軫石燈籠

7 噴泉

虎石

眺望台

桜ヶ岡

蓮池門口

獅子巖

常磐岡

2 唐崎松

兼六園 三芳庵 P.34

翠瀧

蝶螺山

内橋亭 P.34

蓬萊島

3 雁行橋

上坂口

孤池

6 霞池

七福神山

寺雨亭 P.34

長谷池

根上松 5

4 花見橋

曲沢

梅林

P.37成巽閣

山崎山

石川縣立傳統產業工藝館 P.41

小立野口

隨身坂口

兼六坂上

石川縣立美術館 P.41

金城靈澤

金澤神社

出羽町

時間充裕的話別忘了來這裡！

山崎山
やまざきやま

位在兼六園的東側，小立野口附近的人造小丘。因種植許多落葉樹，新綠和紅葉的美景無與倫比。 MAP P33右下

樹蔭使得夏天也格外涼爽

西側的瓢池周邊仍保留著庭園早期造景的景象。翠瀑布等處令人感受到寂寥之意趣。

散步過後不妨小歇片刻
欣賞庭園品嘗日式甜點

散步過後何不休息片晌，享用和菓子與抹茶療癒疲憊的身心。
欣賞眺望庭園的同時悠閒放鬆，彷彿化身為江戶時代的公主殿下。

抹茶
（附當季生菓子）
700日圓

けんろくえん みよしあん
兼六園 三芳庵

眺望瓢池景色享用美食

創業於明治8年（1875）。建築宛若浮於瓢池的水面之上，令人身處可聽見翠瀑布水流聲的涼爽空間。在休息之餘，春季能賞枝垂櫻，秋季則能欣賞到紅葉。

☎076-221-0127 ◯9時30分～17時（有季節性變動）休週三（因預約而有所變動）MAP P33左上

❶擁有超過130年的歷史，眾多文人墨客皆造訪過的老字號料亭 ❷充滿歷史感的水亭浮於瓢池上 ❸能品嘗到金澤傳統料理的瓢便當 2160日圓

抹茶
（附生菓子）
720日圓

しぐれてい
時雨亭

房間外部為靜謐的日式庭園

於2000年建造於長谷池畔，部分還原了從藩政時代到明治初期存在於園內的時雨亭。亭內除了抹茶外也有煎茶（附干菓子）310日圓。

☎076-232-8841 ◯9～16時30分（入亭～16時）休無休 MAP P33左

❶享用不同季節的上生菓子 ❷從時雨亭所見的庭園為2000年修築而成

抹茶套餐
（附菓子）
700日圓

うちはしてい
內橋亭

宛如浮於池上的建築

2間房舍由中間內部的橋連結起來，便是名稱的由來。雖然無法進入藩政時代建築的本席，但能從前方廳堂建築的窗戶遠眺霞池，明亮開放的氛圍是其魅力之處。

☎076-262-1539 ◯9～17時（冬季～16時）休週三 MAP P33中央

❶用金澤傳統工藝的大樋燒茶碗喝茶 ❷面對霞池三面開放的空間

加倍樂趣專欄

fumu fumu

不說你不知，
兼六園的「六」的意義

來到金澤，兼六園絕對是不容錯過的景點。但你知道其名稱的由來嗎？
答案的重要提示似乎就隱藏於「兼」和「六」當中喔。

因兼具六種難以共存的庭園景觀
而聲名大噪的名園

加賀藩5代藩主　前田綱紀
因採取積極的振興文化政策而
出名的藩主（前田育德會收藏）

噴泉的對面一帶為兼六
園的開始之處

兼六園的建設起始於5代
藩主前田綱紀的時代
（1643~1724）。於面
對金澤城的斜坡上建造別
墅和庭園。自此經歷無數
代的整修增建，在約莫
180年後13代藩主齊泰的
時代，大致完成了目前我
們所熟悉的兼六園。兼六
園的名稱並非創園當初所
決定，而是12代藩主齊廣
所取名，名稱來自於中國
宋朝的書籍《洛陽名園
記》。書中寫道「洛人
云，園圃之勝不能相兼者

六，務宏大者，少幽邃；
人力勝者，少蒼古；多水
泉者，難眺望。兼此六
者，惟湖園而已。」，據
說藩主為了建造不遜色於
湖園的名園，而將此園命
名為「兼六園」。

靠廣大人力才能維持如此優美
的庭園

動用500人從重臣住處
運來的旭櫻後代

試著找尋兼六園內的六勝吧

宏大
意指明亮寬敞。兼六園
中指的是開放式的景觀
空間。
比如說這般風景
霞池 MAP P33⑥

幽邃
寂靜深邃，蒼鬱茂盛的
綠色山峽般的意境景
觀。
比如說這般風景
常磐岡 MAP P33中央上

人力
橋梁、燈籠和植栽等，
如字面意思上的人工造
景。
比如說這般風景
七福神山 MAP P33右

蒼古
帶有古老寂寥的深遠意
境，保有原始自然風貌
之處。
比如說這般風景
翠瀑布 MAP P33左

水泉
意指曲水、池塘和瀑布
等園內能感受到流水之
處。
比如說這般風景
瓢池 MAP P33左

眺望
可清楚遠眺日本海或醫
王山山脈等廣闊景觀。
比如說這般風景
眺望台 MAP P33右上

參觀兼六園後同時不容錯過
加賀藩相關的觀光景點

以金澤城為中心，兼六園周邊為往昔加賀藩的心臟地帶。
啟程參觀讓人遙想加賀百萬石榮華富貴的歷史景點吧。

看過來這裡！
石川門
天明8年(1788)建造的罕見史蹟。特徵為白牆和鉛瓦。

A請注意五十間長屋內部的天花板木樑結構 B連結橋爪門續櫓和菱櫓的五十間長屋 C藩政時代重建的石川門。春天有櫻花美景

參觀所需 1小時

かなざわじょうこうえん
金澤城公園

參觀加賀百萬石大名的居城

自從天正11年（1583）前田利家入城後，金澤城在之後的290年中皆為前田家的居城。城內除了有從藩國時代保留至今的石川門和三十間長屋外，還有戰爭時保衛二之丸的菱櫓、五十間長屋和橋爪門續櫓，以及具有高度防禦機能，金澤城實質上的正門河北門等。藉由古繪圖和各式參考資料，利用傳統的技法加以重新復元。與兼六園對側相望的石川門是金澤屈指可數的賞櫻勝地。廢藩前存在的大名庭園玉泉院丸庭園，則是參考繪圖與發掘資料等配置池塘和小島，完整還原往昔的景觀。

☎076-234-3800(石川縣金澤城・兼六園管理事務所) 金沢市丸の内 免費(菱櫓・五十間長屋・橋爪門續櫓為310日圓) 7～18時(10月16日～2月底為8～17時)、菱櫓・五十間長屋・橋爪門續櫓、河北門為9時～16時30分(入城～16時) 無休 巴士站兼六園下・金沢城步行3分 利用石川縣兼六停車場554輛(付費)
MAP139D1

看過來這裡！
彩色玻璃
夜間點燈時，神門被幻想般的氣氛所環繞包圍。

A於明治8年(1875)完成的神門。當初的用途為燈塔 B神門的第3層會點亮神燈

おやまじんじゃ
尾山神社

參觀所需 20分

祭祀藩祖和正室的金澤總鎮守

祭祀加賀藩藩祖前田利家及其正室阿松的神社。裝有五彩繽紛彩色玻璃的神門為中西日融合的建築風格，並被指定為國家的重要文化財。神社占地內設有以琵琶等和樂器為主題的庭園。

☎076-231-7210 金沢市尾山町11-1 自由參觀 JR金澤站搭乘北鐵巴士往片町7分，南町・尾山神社下車，步行3分 15輛
MAP P138C1

A

金澤城中的流水潺潺空間
漫步於市民休閒的散步道

石川門附近的茂綠小徑被稱為白鳥路，原為環繞金澤城的其中一道護城河。沿途有金澤三文豪的雕像，6月時節還能欣賞到螢火蟲。
MAP P139E1

參觀所需
30分

せいそんかく
成巽閣

藩主獻給母親的優美御殿

第13代藩主齊泰為了母親真龍院，於兼六園中所營建的隱居所。建築全體描繪著華麗的色彩與優美的繪畫，藉以符合女性的住居風格。長達20公尺的外走廊名為土筆緣，不裝壁柱子是為了不破壞從廳堂眺望庭園的景觀，可見藩主對母親的體貼。在此全年展示前田家相關的文物（內容和期間須洽詢）。

☎076-221-0580 住金沢市兼六町1-2
¥700日圓（特別展1000日圓）⏰9～17時（入館～16時30分）休週三（逢假日則翌日休）
交JR金澤站搭乘兼六園接駁巴士14分，縣立美術館・成巽閣即到 P7輛 MAP P139F3

A

B

看過來這裡！
謁見之間
原作為藩主正式招待所的房間。使用艷彩的岩顏料彩繪裝飾。

D

A 群青之間的青色使用Ultramarine的塗料 B 坐在土筆緣愜意欣賞庭園 C 謁見之間擁有壯觀的欄間鳳凰雕刻 D 手工製作的小物容器

參觀所需
20分

にしだけていえん ぎょくせんえん
西田家庭園 玉泉園

與藩主交情深厚的家臣庭園

比兼六園更古老120年的池泉回遊式庭園。園內的景色和飛石使用來自日本全國的名石，數百種的花草繽紛了四季的景色。園內的灑雪亭為千仙叟所指導的茶室。池塘的水源引流自兼六園，在在證明作庭者的加賀藩家臣脇田家和藩主的深厚交情。此外，由於脇田家初代領主直賢私底下是天主教信徒，寄託十字架意象的燈籠等值得一看的景點多不勝數。

☎076-221-0181 住金沢市小将町8-3
¥700日圓（於餐廳用餐則免費）⏰9～17時
休無休交巴士站兼六園下・金沢城步行2分 P利用石川縣兼六停車場554輛（付費）MAP
P139F2

看過來這裡！
庭園植物
庭園裡有一年綻放2次的素馨花等，珍貴品種的花草繽紛於園內。

A

B

A 玉泉園的名稱來自於2代藩主妻子之名——玉泉院 B 附設餐廳「かなざわ玉泉邸」

因新年參拜和七五三而受到金澤市民熟悉的尾山神社。近年由於前田利家的百戰百勝功績而參拜者眾多。

在著名主廚的餐廳內
享用午餐後品茗飲茶的美食饗宴

於法國料理名店品嘗豪華午餐&在頂級咖啡廳品日本茶和享用甜點。
盡情享受金澤當地獨有的珍饈美饌吧。
※餐點和食材有可能因季節而異。

高格調的用餐空間

🕐 13:00

Lunch Time

古典的建築外觀令人興奮雀躍

可於舊縣長室享用午餐

Paul Bocuse
名廚的烤布蕾

餐後可於餐廳前的庭院散步

多謝款待！

MENU DEJEUNER
3996日圓（另需服務費）
包含甲殼類的慕斯等3種前菜、義大利鵝肝餃子，主菜是微煎燻製鴨胸肉

ジャルダン ポール・ボキューズ
JARDIN
PAUL BOCUSE

在復古建築的舊縣政府
享用絕品頂級的法國料理

迎賓館內的高級法國料理餐廳。融合里昂和金澤兩地，PAVL BOCUSE和ひらまつ兩間餐廳攜手合作，提供活用金澤當地食材的料理。除了午餐外，晚餐8640日圓～（另需服務費）也強力推薦。

☎076-261-1161 ⬛金沢市広坂2-1-1 🕐11時30分～15時（13時30分LO、晚餐時段17時30分～22時、20時LO）🈺週一（逢假日則翌日休）※咖啡廳&酒館為11～20時（19時LO）🈺無休（11～3月為週一，逢假日則翌日休）🚌巴士站広坂・21世紀美術館步行1分 🅿120輛（付費）MAP P139D2

Paul Bocuse
主廚
生於1926年，為首位獲得法國榮譽軍團勳章的廚師。被譽為現代法國料理的生父。

1樓附設休閒風的咖啡廳&小酒館
想輕鬆享用法國料理和咖啡的人就來這裡。甜點套餐918日圓～等。

鄰接前庭的花園咖啡廳

享受茶香撲鼻

石川縣立美術館的
美術館商店

LE MUSÉE DE H KANAZAWA所在地的石川縣美術館，其內的美術館商店販售活躍於石川縣的藝術家的商品。九谷燒作家久手川利之的作品豆碟1404日圓～。
☎076-231-7580 MAP P139E3

🕒15:00

Tea Time

品茗同時，別忘了
欣賞室內擺設

時尚風格的玄關

概念G
GIN（銀）1080日圓
第一泡茶為加賀棒茶。第二泡則是於面前以茶香爐沖泡，和當地食材的甜點一同享用。茶品因季節而異

還吃得下的人來嘗嘗
法式小西點！
（於咖啡廳另行購買）

在此獻上甜點全餐

一杯一杯用心沖泡
的茶飲

十分美味♪

る みゅぜ どう あっしゅ かなざわ
LE MUSÉE DE H KANAZAWA

以「概念G」享用當季茶飲及石川食材甜點

石川縣出身的世界知名甜點師辻口博啓，提供利用當地食材所製作的創意甜點。嘗試將日本茶與西點融合的茶室「概念G」為金澤的限定原創概念。可品嘗到加賀棒茶等當季茶品和金澤限定的甜點全餐。

☎076-204-6100 ⊕金沢市出羽町2-1 石川縣立美術館內 🕙10～19時（18時30分LO）休無休 🚌巴士站縣立美術館・成巽閣歩行2分 🅿60輛 MAP P139E3

つじぐちひろのぶ
辻口博啓甜點師
代表日本參加過無數的世界競賽，並且擁有多次的優勝經驗。目前開設12家品牌餐廳。

伴手禮何不選擇
原創烤餅乾呢？
使用石川縣產蔬菜的烤餅乾86日圓～，外觀美觀適合當作伴手禮。

五郎島金時和紫芋的餅乾86日圓等

📖 LE MUSÉE DE H KANAZAWA的甜點「YUKIZURI」是以兼六園雪吊為靈感創作。帶有梅子的微香，適合送禮。

不妨到這裡走走！

金澤21世紀美術館・兼六園周邊的推薦景點

石川四高紀念文化交流館
いしかわしこうきねんぶんかこうりゅうかん

介紹四高和石川縣的相關文學

明治24年（1891）竣工的舊第四高等中學的校舍。館內有改建自以前教室而成的懷舊休息室，也設有石川近代文學館介紹和石川縣有淵源的作家。**DATA** ☎076-262-5464 **住**金沢市広坂2-2-5 **◯**9～21時，展示室9～17時(入館～16時30分) **休**無休 **Y**免費(參觀文學館360日圓) **P**無 **交**巴士站香林坊步行4分 **MAP**P138C2

石川縣政SHIINOKI迎賓館
いしかわけんせいきねんしいのきけいひんかん

舊縣政府變身為聚會之地！

於大正時代建設的懷舊風舊石川縣府，以樹齡約300年的錐栗樹為象徵代表。於2010年進行改裝，內部設有法國料理界巨匠Paul Bocuse的餐廳和咖啡廳(☞P38)、觀光服務處和藝廊。**DATA** ☎076-261-1111 **住**金沢市広坂2-1-1 **◯**9～22時 **休**無休 **Y**免費 **P**95輛(付費) **交**巴士站広坂・21世紀美術館步行1分 **MAP**P139D2

金澤市立中村紀念美術館
かなざわしりつなかむらきねんびじゅつかん

珍貴的日本傳統美術品齊聚一堂

主要展示品為在地美術愛好者中村榮俊的茶道收藏，還展示了日本書畫、陶瓷品、漆器工藝等當地相關的優美收藏品。**DATA** ☎076-221-0751 **住**金沢市本多町3-2-29 **◯**9時30分～17時(入館～16時30分) **休**展示更換期間 **Y**300日圓 **P**20輛 **交**JR金澤站搭乘北鐵巴士往本多町13分，於本多町下車步行3分 **MAP**P139E4

 鈴木大拙館
すずきだいせつかん

讓心境回歸中庸的思索之館

能接觸到金澤出身的佛教哲學家鈴木大拙的思想，引發自我思索的館區於2011年開幕。牆壁顏色與質感、走道和窗戶的長寬等皆經過縝密的計算，建構出引導參觀者深思的知性空間。**DATA** ☎076-221-8011 **住**金沢市本多町3-4-20 **◯**9時30分～17時(入館～16時30分) **休**週一(逢假日則翌日同) **Y**300日圓 **P**無 **交**JR金澤站搭乘北鐵巴士往本多町13分，於本多町下車步行4分 **MAP**P139E4

「展示空間」內定期舉辦企劃展覽

靜謐的「水鏡之庭」，中央為「思索空間」

石川縣立歷史博物館
いしかわけんりつれきしはくぶつかん

貴重文化財建築的博物館

展示實物資料，介紹石川縣的歷史和民俗。紅磚建築物是從明治到大正時期建造的國家指定重要文化財，擁有「紅磚博物館」的別稱而受到市民們喜愛。**DATA** ☎076-262-3236 **住**金沢市出羽町3-1 **◯**9～17時(入館～16時30分) **休**展示更換期間 **Y**300日圓(特別展需另付費) **P**50輛 **交**巴士站広坂・21世紀美術館步行5分 **MAP**P139F4

石川縣觀光物產館
いしかわけんかんこうぶっさんかん

輕鬆體驗正宗和菓子的手作過程

石川縣內70間名店的物產齊聚一堂。在專家的指導下製作上生菓子的體驗大獲好評。使用專業的道具手工參與製作，需時約40分。體驗時間雖不長，但成品有如實際販售的商品。舉辦日期為週六日和假日，受理時間為10時～14時30分。體驗費用1230日圓。極受歡迎所以需事先預約。**DATA** ☎076-222-7788 **住**金沢市兼六町2-20 **◯**10～18時 **休**無休(12～2月為過二) **P**3輛 **交**巴士站兼六園・金沢城即到 **MAP**P139F1

加賀友禪會館
かがゆうぜんかいかん

身穿加賀友禪化身大和撫子

介紹加賀友禪的設施，可體驗試穿加賀友禪和服。2段式的和服套裝時間較短，還提供首飾小物，無需特別準備便能進行體驗。含攝影留念的方案為2000日圓。著裝後外出散步1小時體驗為4500日圓～。皆需事先預約。**DATA** ☎076-224-5511 **住**金沢市小将町8-8 **◯**9～17時 **休**週三(逢假日則開館) **Y**310日圓 **P**5輛 **交**巴士站兼六園下・金沢城步行3分 **MAP**P139F2

手打そば 更科藤井
てうちそば さらしなふじい

精心製作的手打蕎麥麵廣受好評

在東京老字號蕎麥麵店修業的店主所開設的更科蕎麥麵店。單點料理也品種豐富，當季料理搭配飲酒大快朵頤是東京的風格。蕎麥麵850日圓～，炸綜合天婦羅蕎麥麵1850日圓。**DATA** ☎076-265-6870 **住**金沢市柿木畠3-3 **◯**11時30分～14時LO、17時30分～21時LO(週日、假日11～20時LO，售完打烊) **休**週一(逢假日則翌日休) **P**無 **交**巴士站香林坊步行5分 **MAP**P138C3

かんみどころ うるしのみ
甘味処 漆の実

器皿引人注意的漆器店甜品處

老字號漆器店能作的直營店鋪。使用能登大納言紅豆的自製內餡、點餐後現煮的湯圓等，餐點樣樣用心製作。抹茶奶油湯圓紅豆湯780日圓最受歡迎。DATA ☎076-263-8121(能作) 住金沢市広坂1-1-60能作4F 🕒11～18時15分LO(週日、假日為10時～、1-2月為17時15分LO) 休週三(8月無休) P2輛 交巴士站香林坊步行5分 MAP P138C3

せれくとしょっぷ じお
SELECT SHOP GIO

豐富日常生活的高級工藝品

飲食環境研究者木村ふみ所開設的選貨店。除了販售九谷燒和山中塗等石川縣的傳統工藝品外，還有來自日本全國的頂級設計商品。九谷燒的可愛小碟1080日圓～、山中塗的色彩繽紛茶罐1404日圓等廣受歡迎。DATA ☎076-261-1114 住金沢市広坂2-1-1SHIINOKI迎賓館1F 🕒10～18時 休週一 P120輛(付費) 交巴士站広坂・21世紀美術館步行1分 MAP P139D2

つぼみ
つぼみ

在閑靜和風咖啡廳享用食材嚴選甜點

使用嚴選食材以及金澤郊外汲取的名水，手工製作的甜點大獲好評。吉野產本葛粉100%的葛粉條750日圓和本蕨粉的蕨餅910日圓最為知名。抹茶冰、抹茶布丁和用了大量抹茶的つぼみ特製抹茶聖代860日圓也值得推薦。夏天的冰品或冬天的年糕湯等季節限定的餐點也選擇多樣。DATA ☎076-232-3388 住金沢市柿木畠3-1 🕒11～19時 休週三 P無 交巴士站香林坊步行4分 MAP P139D3

加上黑蜜享用的美味葛粉條

欣賞美景的同時邊享受午茶時光

ぱてぃすりー おふく
Pâtisserie OFUKU

招牌和菓子及法國甜點等豐富多樣

新型態甜點店可同時嘗到在廣坂營業超過90年的「お婦九軒」的第3代店主所做的和菓子，以及在「文華東方酒店 東京」飯店擔任第四代甜點師所做的西點。烤餅乾和布列塔尼酥餅等極受歡迎。DATA ☎076-231-6748 住金沢市広坂1-2-13 🕒10～19時 休週一、週二不定休 P無 交巴士站広坂・21世紀美術館步行2分 MAP P139D3

いまいきんぱく ひろさかてん
今井金箔 廣坂店

價格公道的金箔商品任君挑選

金箔製作公司的直營店。有金箔、銀箔和色箔等各式各樣的箔，使用金箔的食品、器具和首飾等商品應有盡有。金箔的飯鬆迷你金箔花486日圓、含有金箔的金花茶糖8顆一盒360日圓，價格低廉適合作為伴手禮。DATA ☎076-221-1109 住金沢市広坂1-2-36 🕒10～18時 休週一(逢假日則翌日休) P無 交巴士站広坂・21世紀美術館即到 MAP P139D3

感受加賀百萬石的博物館巡禮

讓我們踏入從藩政時代世代傳承的傳統工藝和傳統藝能的世界吧。

かなざわのうがくびじゅつかん
金澤能樂美術館

展示貴重的能面與能束裝

介紹金澤能樂的歷史。能面和能裝束的體驗很受歡迎。DATA ☎076-220-2790 住金沢市広坂1-2-25 🕒10～18時(入館為～17時30分) 休週一(逢假日則翌日休) ¥300日圓 P322輛(付費) 交巴士站広坂・21世紀美術館步行2分 MAP P139D3

いしかわけんりつびじゅつかん
石川縣立美術館

從古九谷到近現代美術的廣泛展覽

介紹古九谷的名品等石川縣相關的美術品。DATA ☎076-231-7580 住金沢市出羽町2-1 🕒9時30分～18時(入館為～17時30分，有變動) 休展示更換期間 ¥360日圓(特別展需另付費) P60輛 交巴士站県立美術館・成巽閣步行2分 MAP P139E3

いしかわけんりつでんとうさんぎょうこうげいかん
石川縣立傳統產業工藝館

介紹石川縣傳統工藝品的36業種

實施企劃展覽和傳統工藝士所舉辦的實演與體驗。DATA ☎076-262-2020 住金沢市兼六町1-1 🕒9～17時(入館～16時45分) 休第3週四(12～3月為每週四) ¥2樓參觀260日圓 P12輛 交巴士站県立美術館・成巽閣步行2分 MAP P139F3

從石川縣立美術館往金澤市立中村紀念美術館的步道，綠意盎然適合休閒散步。

重點看過來！
於典雅的和風咖啡廳
內休息小憩

在利用茶屋改建的咖啡廳，眺望街景同時享用茶與點心。（☞P50）

重點看過來！
參觀維持完好江戶
時代風情的茶屋

國家指定重要文化財　志摩將保存的茶屋建築對外公開。（☞P44）

重點看過來！
散步於風情萬種
的茶屋街

沉穩感覺的格子門，是從外難以窺視內部的町家建築特徵。（☞P46）

東茶屋街就在這裡！

東茶屋街

金澤城公園

兼六園

━━ 城下町金澤周遊巴士
━━ 西日本JR巴士
━━ 北鐵巴士

陶醉於格子門的艷麗風采街景

東茶屋街
ひがしちゃやがい

找尋可愛日系小物也是一大樂趣

是這樣的地方

石板路兩旁櫛比鱗次的格子門住宅，構成優美景色的茶屋街。於江戶時代形成的茶屋街，現今仍有藝妓在此修習技藝，不時能耳聞三味線的彈奏音色。參觀茶屋建築、遊逛利用町家改建的時髦店鋪&咖啡廳等，滿心雀躍而樂趣無窮。

access

●從金澤站兼六園口
（東口）出發
【北鐵巴士】
搭乘前往橋場町9分，橋場町下車
【西日本JR巴士】
搭乘前往橋場町9分，橋場町下車
【城下町金澤周遊巴士】
搭右迴11分到橋場町

洽詢
☎076-232-5555
金澤市觀光協會
廣域MAP P137E2

~東茶屋街 快速導覽MAP~

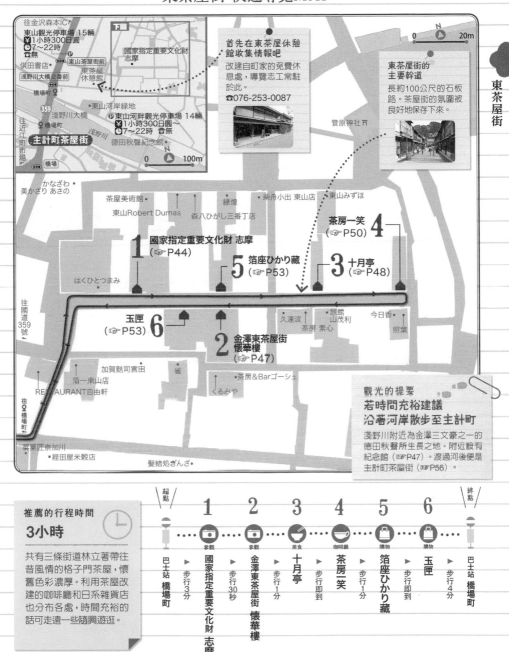

往金沢森本IC
東山觀光停車場 15輛
¥1小時300日圓
⏰7~22時
P無

供田書店・
浅野川大橋交番前
橋場町

國家指定重要文化財 志摩

下圖

首先在東茶屋休憩館收集情報吧
改建自町家的免費休息處，導覽志工常駐於此。
☎076-253-0087

東茶屋街的主要幹道
長約100公尺的石板路。茶屋街的氛圍被良好地保存下來。

菅原神社

0   20m   N

東茶屋街

往近江町市場
359
浅野川大橋
橋場町
主計町茶屋街
東山河畔緑地
東山河畔觀光停車場 14輛
¥1小時300日圓～
⏰7~22時
德田秋聲紀念館
橋場

0   100m   N

かなざわ
美かざり あさの

茶屋美術館
東山Robert Dumas
森八ひがし三番丁店
緑煌
柴舟小出 東山店
東山みずほ

茶房一笑
(☞P50) **4**

國家指定重要文化財 志摩
(☞P44) **1**

箔座ひかり藏
(☞P53) **5**

十月亭
(☞P48) **3**

はくひとつまみ

往國道
359號

玉匣
(☞P53) **6**

金澤東茶屋街懷華樓
(☞P47) **2**

久連波
茶房 素心
旅館 山茂利
今日香
照葉

往橋場町

加賀麩司宮田
箔一東山店
RESTAURANT自由軒
雀
くるみや
茶房&Barゴーシュ

觀光的提要
若時間充裕建議
沿著河岸散步至主計町
淺野川附近為金澤三文豪之一的德田秋聲所生長之地。附近設有紀念館（☞P47）。渡過河後便是主計町茶屋街（☞P56）。

菜匣宗加川
經田屋米穀店
髮結処ぎんざ

推薦的行程時間
3小時

共有三條街道林立著帶往昔風情的格子門茶屋，懷舊色彩濃厚。利用茶屋改建的咖啡廳和日系雜貨店也分布各處，時間充裕的話可走遠一些隨興遊逛。

起點   **1**   **2**   **3**   **4**   **5**   **6**   終點

| 巴士站 橋場町 | ▶ 步行3分 | 參觀 國家指定重要文化財 志摩 | ▶ 步行30秒 | 參觀 金澤東茶屋街 懷華樓 | ▶ 步行1分 | 美食 十月亭 | ▶ 步行即到 | 咖啡廳 茶房一笑 | ▶ 步行1分 | 購物 箔座ひかり藏 | ▶ 步行即到 | 購物 玉匣 | ▶ 步行4分 | 巴士站 橋場町 |

初次造訪者也非常熱烈歡迎
參觀典雅的茶屋建築 志摩

位於東茶屋街正中央的志摩為江戶時代的茶屋，建築保存完好且對外開放參觀。
讓我們一窺以「不接待初次來店者」為原則的茶屋，其獨特的建築風格與典雅的裝潢擺飾吧。

擁有鮮豔紅殼牆壁的2樓是款待來客的房間

くにしていじゅうようぶんかざいしま
國家指定重要文化財 志摩

能輕鬆體驗高格調的
茶屋氛圍

這間茶屋建於東茶屋街形成的1820年，是將往昔模樣對外開放的珍貴建築。以遊藝為主體，建造成典雅的開放式空間構造，供藝妓表演舞蹈等遊藝的2樓為客房，特徵是不設壁櫥或櫥櫃以及比1樓挑高的空間。講究細節的優美與細膩之室內裝潢，瀰漫著彷彿能聽見三弦音色的典雅氣息。

☎076-252-5675 🏠金沢市東山1-13-21 ¥500日圓 🕐9～18時 休無休 🚌巴士站橋場町步行3分 🅿無 MAP P137E4

1 記得欣賞2樓外廊欄杆上的鏤空雕刻 2 令人感受茶屋風情的建築外觀 3 受到妥善保管的三味線

於吧檯座位歇息偷閒

茶屋美術館也不容錯過

此處也是完整對外公開參觀的茶屋建築。2樓有紅殼和群青的鮮豔色廳堂，1樓則是展示藝妓們的豪華髮飾等物品。

☎076-252-0887 （MAP）P137E3

にわ
庭

小巧卻凝聚工匠巧思，為典型茶屋的庭院。也可從2樓的連通走廊眺望庭院。

みせのま
展示之間

原是作為化妝和準備的房間。目前則是展示梳子和髮簪等往昔的道具類文物。

ちゃしつ
茶室

建築深處的別館「寒村庵」為和風摩登的茶室。欣賞庭園之時還能品嘗抹茶與和菓子。

搭配生菓子700日圓、搭配干菓子500日圓

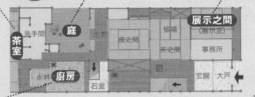

四季繽紛的花草增添了婷婷色彩

藝妓們實際使用過的髮飾

だいどころ
廚房

水井和石室為創建當時的樣貌。櫥櫃上擺設著眾多的酒器，令人遙想往昔的榮景。

ひかえのま
待機之間

坐於廳堂（座敷）的賓客正面，隔著拉門後面的房間為待機之間，是藝妓們的舞台。

（1樓 平面圖）
茶室　選手間　庭　走廊　帳場
興之間　展示之間（展示室）
茶之間　事務所
水井　廚房　石室　玄關　大戶

（2樓 平面圖）
廳堂　中之間　待機之間
偏房　樣樣之間　待機之間　前座敷

茶室中享用的料理多從外面送來，故擺設品以酒器為主

打開拉門後，藝妓開始表演艷麗的舞蹈等遊藝

發現可愛的圍籬！

雕刻可愛葫蘆圖案的欄杆

照明的設計也別出心裁。漂亮的燈飾

何不作為伴手禮？

富設計感的小袋6個1組500日圓，於櫃檯販售

まえざしき
前座敷

以鮮豔的紅殼牆壁和琵琶床為特徵。賓客背對壁龕就座，享受宴會表演之樂。2樓的挑高設計為茶屋建築獨特的特色。

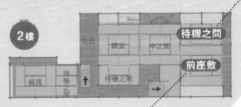

壁龕的典雅擺設也是一大重點

📖 茶室格外重視四季不同的美景。志摩於夏季時會將拉門和紙門更換為竹簾門，營造涼爽的意境。

親身感受茶屋街風情
拍照留影愜意散步

東茶屋街上有和古老建築與風景合而為一的別緻招牌，隨處都是拍照打卡的絕佳地點。除了主要幹道之外，狹小的巷弄也適合悠哉散步、拍照留影。

從金澤東茶屋街
懷華樓拍照 ❷

從2樓拍攝的絕美相片。接近黃昏時前方的影子會變深，所以建議於白天拍照。

絕佳美照就要
在這裡拍攝

從久連波拍照 ❸

從2樓咖啡廳的大窗戶最適合由上往下拍攝茶屋街。茶屋街入口也能完美入鏡。

從寶泉寺拍照 ❹

從能俯瞰茶屋街的高台將金澤市區一覽無遺。若想拍攝茶屋街則需要望遠鏡頭。

茶屋街的入口 ❶

主要幹道的入口，從柳樹附近眺望茶屋街的角度是最常被取景的畫面。

同時推薦日落時分
在朦朧街燈中茶屋街換上艷麗容貌

屋簷下也別有一番風情 **A**

店名不經意地讓心情蕩漾 **C**

讓我們造訪德田
秋聲紀念館吧

德田秋聲為金澤三文豪的其中一位。紀念館距離東茶屋街不遠，就設在淺野川上的梅之橋旁，呈現德田文學的和紙人偶劇場值得一看。
☎076-251-4300 **MAP** P137E2

請留意時髦的招牌看板 **D**

麵麩老店·宮田的店門口 **E**

讓我發現
可愛的風景了！

勾起鄉愁的巷弄風景 **B**

明治初期所建築的民宅 **G**

可愛的鮮紅色郵筒 **H**

往**高木糀商店**
（MAP/P137E1）

茶屋美術館（舊中屋）

國家指定重要文化財
志摩

東茶屋街

圓長寺

茶屋街的入口 **1**

理容店

金澤東茶屋街 **2**
懷華樓

RESTAURANT自由軒

加賀麩司宮田

E

B 3 茶房素心
久連波

A C

茶房&Bar
ゴーシュ **D**

西源寺

4 寶泉寺

0 ───── 20m

能感受悠久歷史的
絲田屋米穀店 **F**

往橋場町

東茶屋休憩館

H G

郵筒

F

絲田屋米穀店

📷 這裡的美好建築也不容錯過

かなざわひがしちゃやがい かいかろう
**金澤東茶屋街
懷華樓**

於江戶時代所建，金澤最大規模的茶屋建築。夜晚為座敷表演，白天則開放一般民眾參觀。黃金葛粉條1400日圓最為著名，另附設咖啡廳。

☎076-253-0591 **住**金沢市東山1-14-8 **¥**750日圓 **◎**9～17時 **休**無休 **交**巴士站橋場町步行3分 **P**無 **MAP**上圖右

瀰漫著沉穩氛圍的空間

たかぎこうじしょうてん
高木糀商店

江戶時代創業的老字號，建築被登錄為金澤市的指定文化財。花街味噌864日圓、甜酒810日圓等，古早口味的手工麴和味噌十分美味，廣受歡迎。

☎076-252-7461 **住**金沢市東山1-9-3 **◎**9～19時 **休**無休 **交**巴士站橋場町步行4分 **P**無 **MAP**上圖左上，P137E1

▲綢簾後是歡迎的笑容
▶3年味噌1080日圓、鹽麴540日圓

 栽種於茶屋街入口的柳樹。從前沿著街道栽種成排的柳樹，有遮掩來往行人面容的功能。

在民家改裝而成的用餐處
享用珍饈美饌

東茶屋街內有將往昔民家改建而成的極受歡迎餐廳。
除了地點極佳外，滋味更是一絕。令人想盛裝打扮後造訪的美味餐廳。

超過145年歷史的
舊茶屋建築

將古民宅
翻新改建而成

じゅうがつや
十月亭

在優雅空間內享用
日本料理名店的滋味

金澤的熱門日本料理店錢屋所
經營的餐廳。進入原為茶屋的
店內，宛如挖空榻榻米廳堂的吧
檯座位令人印象深刻。能邊欣
賞眼前庭園美景，邊享用美食。
晚餐需事先預約，懷石料理
6480日圓～。

☎076-253-3321 住金沢市東山1-
26-16 時11時30分～14時、18～22
時 休週三(逢假日則營業) 交巴士站橋
場町步行5分 P無 MAP P137F4

吧檯座下方為下嵌式座位
使人休息放鬆

びべっと
BUVETTE

主要使用當地食材
堅持手工製作

格子門風雅外觀的酒館餐廳。午
餐可從寫在黑板上的5種前菜、
雞或豬肉的7種主菜、3種甜點和
3種飲料之中選擇，並且附上麵
包。晚餐時段還有葡萄酒與單點
料理等多樣選擇。

☎076-252-3435 住金沢市東山1-5-
16 時11時30分～14時、18～22時30
分LO 休週二 交巴士站橋場町步行3分
P無 MAP P137E2

吧檯座5席和桌椅座12席的
簡單用餐空間

竹籃便當(午餐限定)
2830日圓
將當季的豐富多樣食
材放入竹籃的華麗便
當。圖片僅供參考。

BUVETTE午餐
1500日圓
圖片為加入自製培根
的法式鹹派、能登產
的燉豬肉、洋梨甜
塔、咖啡。

於RESTAURANT
自由軒享用蛋包飯

這間老字號西餐廳在東茶屋街是很引人注目的罕見西洋建築。醬油風的蛋包飯755日圓、小分量蛋包飯和奶油可樂餅的盤餐組合1025日圓也很受歡迎。
☎076-252-1996 MAP P137E4

約80年屋齡的別具風格民家

ひがしやまみずほ
東山みずほ

土鍋炊飯廣受各界好評
嚴選食材的午餐時光

米飯、食材和調味料等皆堅持使用石川縣產原料的日式料理店。採用奧能登珠洲燒的獨家土鍋，炊煮出的香味鍋巴令人讚不絕口。招牌料理的能登生雞蛋拌飯，和大野醬油的組合絕配。午餐附送甜點和飲料。

☎076-251-7666 住金沢市東山1-26-7 ⏰10時30分～16時 休不定休 交巴士站橋場町步行5分 P2輛 MAP P137F3

入口處附設藝廊空間

約110年的外觀別級建築物

ひがしやまろべーるでゅま
東山Robert Dumas

在茶屋能享受的
歐式風格用餐空間

紅柄格子、瓦片屋頂以及別具風情的日式擺設用餐空間，能享用到正宗的法國料理。嚴選當地的食材，將其中的美味發揮至極致的頂級料理。午間全餐有2900、3900、5900日圓多種選擇。

☎076-254-0909 住金沢市東山1-13-9 ⏰11時30分～14時LO、17時30分～22時LO 休週一 交巴士站橋場町步行5分 P無 MAP P137E3

從吧檯座位能就近觀察到廚房動態

午餐
1600日圓

能享用到鍋巴香氣撲鼻的當日招牌土鍋炊飯，和使用加賀蔬菜的6道菜餚。

午餐
2900日圓～

堅持當地、當季的食材於當地享用，能品嘗到嚴選食材的奢華午餐。圖片僅供參考。

東茶屋街的店鋪為了不破壞街景整體的美觀，將招牌設計得小而不顯眼，遊逛時也別忘了留意招牌喔。

在溫暖窩心日式咖啡廳
放鬆小歇一會

搭配細心沖泡的茶與咖啡,一起用高級和菓子與手做甜點放鬆身心。
細緻典雅的和式咖啡廳為這段旅行歇息時刻帶來無比的珍貴時光。

季節和菓子
搭配芳香加賀棒茶

加賀棒茶・附和菓子
1080日圓
使用講究作者製作的茶杯供應茶。
和菓子依季節有許多種類可選擇。

さぼう いっしょう
茶房一笑

以獻上加賀棒茶聞名的丸八製茶廠所直營。雖然有數種茶葉可選擇,第一次的話可先從加賀棒茶開始嘗試。沉浸在烘焙棒茶葉所帶來的獨特馥郁香氣中。

☎076-251-0108 🏠金沢市東山1-26-13 ⏰10~18時 🈹週一(逢假日則翌日休) 🚌巴士站橋場町步行5分 🅿無 MAP P137F4

2樓的藝廊會舉辦當地作家的作品展

現磨咖啡
非常適合搭配和式甜點

抹茶牛奶凍
與咖啡套餐 900日圓
在口中柔順化開的牛奶凍與微苦的咖啡非常搭,是人氣組合。

さぼう そしん
茶房素心

享受一杯杯芳香四溢的濾泡式咖啡與甜點。雖然1樓的吧檯座也很棒,但還是最推薦2樓的窗景座,來眺望遊人如織的茶屋街吧。

☎076-252-4426 🏠金沢市東山1-24-1 ⏰10時~傍晚 🈹週三 🚌巴士站橋場町步行5分 🅿無 MAP P137F4

春秋兩季可從2樓的窗戶感受到微風吹拂

在茶屋空間享用
名店的上生菓子與抹茶

上生菓子與抹茶套餐
800日圓
可品嘗到店內不販售的吉はし和菓子,非常受歡迎。

くれは
久連波

由加賀友禪老店經營的咖啡廳&藝廊,可在2樓座位充分享受茶屋風情,地理位置非常良好。和菓子店「吉はし」的和菓子因僅供貨給茶席專用,數量有限,請趁早前往。

☎076-253-9080 🏠金沢市東山1-24-3 ⏰10~18時 🈹週三(逢假日則營業) 🚌巴士站橋場町步行5分 🅿無 MAP P137F4

1樓有販售加賀友禪的小物等商品

從茶屋街步行5分可達的
Gallery&Cafe 椋

將面朝大馬路的120年老民宅翻修成藝廊&咖啡廳。可感受寬廣的土間和粗壯的梁柱等建築風格，就像是去朋友家拜訪一般放鬆。手做蛋糕套餐800日圓。

☎076-255-6106 **MAP** P137E1

散發鄉愁氣息的
隱密咖啡廳&酒吧

自製起司蛋糕 450日圓
賽風式咖啡 750日圓
起司蛋糕帶有濃厚口感，咖啡附有可續杯的茶壺。

さぼう あんど ばー ごーしゅ
茶房&Bar ゴーシュ

靜靜佇立於小巷內的咖啡廳，到了夜晚會轉換成酒吧。建築歷史超過150年的民宅，如同其店名，像宮澤賢治的小說一般瀰漫著淡淡鄉愁。

☎076-251-7566 **住**金沢市東山1-16-5
時11～翌3時（週日為～24時）**時**19時～的酒吧時間有餐糕費500日圓 **休**週二 **交**巴士站橋場町步行4分 **P**無 **MAP** P137E4

繪本作家鈴木康司繪製的招牌令人印象深刻

在殘留江戶時代風情的民
家品嘗老鋪和菓子和甜品

抹茶・上生菓子套餐
700日圓
享用金澤代表老店·森八的上生菓子，沉浸在高雅的溫和甜味。

もりはちひがしさんばんちょうてん
森八ひがし三番丁店

從藩政時期延續下來的和菓子老店。森八使用文政時期（1818～1830）的建築重現180年前的菓子司。利用氣氛沉靜的咖啡廳，可以購入傳說中的森八點心。

☎076-253-0887 **住**金沢市東山1-13-9
時10～17時 **休**無休 **交**巴士站橋場町步行5分 **P**無 **MAP** P137E3

從後方的座位可以眺望坪庭

紅豆與甜點誕生
絕妙的組合搭配

瑞士捲蛋糕 270日圓
咖啡 357日圓
使用柔軟麵糰和鮮奶油製成，上面再用能登大納言紅豆裝飾。

なかたやひがしやまちゃやがいてん
中田屋東山茶屋街店

以茗菓『きんつば』聞名的中田屋所直營。僅使用能登大納言紅豆，每個顆粒皆完整飽滿地炊製而成，能盡情享受紅豆和式甜點。

☎076-254-1200 **住**金沢市東山1-5-9
時10時～傍晚（販賣部9時～需洽詢）**休**無休 **交**巴士站橋場町步行2分 **P**無
MAP P137E2

中田屋東山茶屋街店的2樓有附設咖啡廳

利用舊建築的茶屋街咖啡廳通常座位數量都不是很多，可鎖定剛開店或傍晚時造訪。

在東茶屋街遊逛尋寶
充滿少女心的可愛日系雜貨圖鑑

東茶屋街有許多販售撩撥少女心的可愛日系小物店家。
漫步於東茶屋街的同時，也能享受採買伴手禮的樂趣。

可愛的碗型針山
古布針山
1080日圓 ❶

將古布做成的針山放入山中漆器組合而成。可放上飾品或是作為室內擺飾。

宛如色彩繽紛的尪仔標
香插
各540日圓 ❶

九谷燒作家用心著色而成的商品。購買數個香插，直接擺放在房內就很可愛。

裡頭裝著圓滾滾的最中
附束口袋的加賀手毬
900日圓 ❷

束口袋可自選圖案外，裡面還裝有4個胡桃佃煮的最中。1項商品能享受到2種樂趣。

帶在身邊就能心情愉悅
眼鏡收納袋
1080日圓 ❷

使用手巾材質的眼鏡袋還附上方便的掛繩。共有10種以上圖案，男女老幼皆會喜歡。

發揮金箔職人技術的逸品
金澤景色吸油面紙
20張入4本1套 648日圓 ❸

運用金箔製作技術而成的吸油面紙。將表現金澤四季景色的迷你尺寸吸油面紙搭配成套。

金澤相關的題材圖案令人醉心
原創口金包 1620日圓 ❹
原創手巾 864日圓～ ❹

有水引繩結或加賀蔬菜等當地相關的題材圖案。商品散賣所以能自由搭配購買。

あさのがわよしひさ
浅の川吉久 ❶

販賣九谷燒或加入現代元素的傳統工藝品。
☎076-213-2222 ◷10～17時
㊡不定休 ☒巴士站橋場町步行即到 ℗無
ⓂⒶⓅP137D2

くるみや
くるみや ❷

約1000種的手巾和豐富的店內原創小物。
☎076-251-8151 ◷10～18時
㊡週二（逢假日則營業）☒巴士站橋場町步行4分 ℗無
ⓂⒶⓅP137E4

はくひとつまみ
はくひとつまみ ❸

金箔和技術獲得活用，小巧商品豐富多樣的商店。
☎076-253-8881 ◷9時30分～18時（冬季～17時30分）㊡無休
☒巴士站橋場町步行4分 ℗無
ⓂⒶⓅP137E4

きょうか
今日香 ❹

金澤題材的日系雜貨齊聚一堂。
☎076-252-2830 ◷11時～日落 ㊡週二、三（逢假日則營業），有不定休 ☒巴士站橋場町步行4分 ℗無
ⓂⒶⓅP137F4

錢湯改建而成的
箔一 東山店

保留錢湯「東湯」往昔風情的外觀，以東茶屋街的傳統為創作理念，使用紅殼色和格子的箔工藝店鋪。另外附設介紹茶屋街歷史的展區和藝廊。

☎076-253-0891 **MAP** P137E4

讓餐桌變得歡樂愉悦
手工茶杯
各2500日圓 ⑤

九谷燒作家淺藏一華的作品。豐富的色彩和幾何學圖案的新潮設計廣受歡迎。

高級感適合氣質熟女
押花皮包
6372日圓 ⑥

皮包表面使用沉穩色調的加賀友禪。蜻蜓圖騰讓商品更具巧思，令人感到高級質感。

讓餐桌歡樂的小碟
貓型小碟
各1728日圓 ⑥

九谷燒作家伊藤雅子的作品。以女性視角捕捉貓咪纖細表情的可愛小碟。

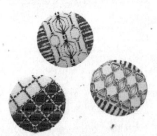

日系花紋的新潮幾何學圖案
胸針
各2600日圓 ⑦

岸田志穗使用型染的布加以刺繡而成的原創胸針。

皮包中的時尚分隔袋
羅緞化妝包
各5400日圓 ⑧

奢侈使用將純金和白金合金、製箔後而成的箔座原創純金白金箔。金碧輝煌！

可自由搭配穿著的飾品
金屬鍊套索項鍊
10800日圓 ⑧

因沒有鎖扣，所以能自由變換為長項鍊或雙層項鍊，配合服飾或喜好等隨意搭配。

たまくしげ
玉匣 ⑤

羅列年輕作家所製作的各種領域工藝品。

☎076-225-7455 ⊕10～17時 ㊡週二（逢假日則營業）㊥巴士站橋場町步行4分 ㉙無
MAP P137E4

かなざわ びかざり あさの
かなざわ
美かざり あさの ⑥

可愛的傳統工藝品聚集於此。

☎076-251-8911 ⊕9～18時 ㊡週二（逢假日則營業）㊥巴士站橋場町步行4分 ㉙無
MAP P137E3

えにしら
緣煌 ⑦

彰顯時尚感性的傳統工藝品所雲集的選貨店。

☎076-225-8241 ⊕10～17時 ㊡不定休 ㊥巴士站橋場町步行4分 ㉙無 **MAP** P137E3

はくざひかりぐら
箔座ひかり藏 ⑧

使用純金白金箔的器皿等原創商品齊聚一堂。

☎076-251-8930 ⊕9時30分～18時（冬季～17時30分）㊡無休 ㊥巴士站橋場町步行4分 ㉙無 **MAP** P137E4

📖 日本生產的金箔幾乎來自金澤，因此金澤的金箔伴手禮才會這麼多。

茶屋街的基礎知識 問與答

風情萬種的街景廣受遊客歡迎，共有東、主計町、西這3座茶屋街。
只要瞭解過去和現在的歷史知識，茶屋街的遊逛更能增添樂趣。

Q 茶屋街是從何時創建？

A 保存至今的金澤茶屋街，可追溯到文政3年（1820）將分散各地的茶屋聚集到金澤市中心之時。目前仍有數棟茶屋街創建當時的建築保留至今。藩政時代禁止2樓建築，但茶屋街例外獲得許可。優雅的雙層建築林立於道路兩旁，車水馬龍人聲鼎沸。東茶屋街和西茶屋街於文政年間（1818～30）所形成，主計町茶屋街則是據說於數十年後的明治2年（1869）所成立。

金澤站　金澤城公園　兼六園　東茶屋街　主計町茶屋街　西茶屋街

東茶屋街
金澤最高格調的茶屋街（☞P42）

主計町茶屋街
明治初期成立於淺野川的河畔（☞P56）

西茶屋街
藝妓最多，充滿庶民生活氣息（☞P80）

Q 藝妓是什麼樣的人呢？

A 金澤的3座茶屋街目前約有50名藝妓在籍工作。其中有數十年經驗的資深藝妓，也有20歲左右的年輕藝妓等多樣面貌。最近也有大學畢業或具社會經驗的人投身藝妓的世界。初次的座敷表演約需1～2年的學習時間，除了見習時期外，即使正式登場表演後，每天的唱歌跳舞修業仍不鬆懈。茶屋表演令人憧憬，不過可惜的是大多藝妓「不接待初次來店者」，沒有介紹者則難以體驗藝妓表演文化。

在此介紹我工作的1天

唐子小姐（東茶屋街·山とみ）
金澤出身，從事藝妓進入第8年。從大學時代學習橫笛而開始對藝妓一職產生興趣。

10:00 學習吹笛

白天為學習時間。一般是到老師的住處進行學習。

16:00 梳妝打扮

在美容院整理好頭髮後，於茶屋打扮換裝。

17:30 出發

除了茶屋外，也常在料理店進行表演。

18:00 座敷表演

依照季節或客人的要求，表演2首舞蹈或演奏太鼓、笛子等樂器。

Q 如何能體驗到茶屋文化？

A 一般觀光客難以體驗到真正的座敷表演，有興趣的人，在此推薦能輕鬆體驗到類似座敷表演氛圍的景點或活動。雖然大多需事先預約，但難能可貴的體驗往往能成為旅途中珍貴的回憶。身穿和服漫步於茶屋街、親身演奏三味線等，保證能讓您更深切體驗到茶屋文化的氣氛。

藝妓們所使用的座敷太鼓

三味線也不可或缺

座敷體驗

在東茶屋街生長的ふみ小姐藉由座敷舞蹈來傳達茶屋文化。包場的座敷表演當中「美酒一盅」的斟酒動作，和ふみ小姐的談笑間讓人忘卻世俗的塵囂，何不樂哉。

雀 すずめ 在這裡體驗

○期間　全年
○費用　5000日圓～（附斟酒服務）
○預約　需2日前預約
☎076-251-4863 住金沢市東山15-7 時13～22時左右（完全包場制）休不定休 交巴士站橋場町步行3分 P無
MAP P137E4

女舞蹈　男舞蹈

呈現因季節不同的軟待

獻上酒品與金澤特色的料理

著和服散步

在東茶屋街的久連波能體驗到身穿加賀友禪，於茶屋街內散步的樂趣。全部的小物皆提供出借，來試著挑戰和服體驗，為旅行留下美好的回憶吧。

久連波 くれは 在這裡體驗

○期間　全年（7～8月限店內）
○費用　1小時5000日圓～
○預約　需預約
交通等資訊請見P50

為老字號服飾店ゑり虎的經營店鋪，準備了成套的華美和服

和服與風情萬種的街景十分搭配

學習三味線

北陸唯一製造販賣三味線的專店，可在此體驗彈奏三味線。在老師淺顯易懂的解說下，第一次彈奏的人也能在經過30分的學習後彈奏一首童謠《櫻花》。

福嶋三弦店 ふくしまきんげんてん 在這裡體驗

○期間　全年
○費用　體驗500日圓(附茶飲)
○預約　不需預約
☎076-252-3703 住金沢市東山1-1-8 時10～16時 休週日・假日、第2・4週六 交巴士站橋場町即到 P無
MAP P137E2

提供童謠《櫻花》的樂譜

用撥子試著彈奏，宛如化身藝妓

座敷體驗活動

金澤市所舉辦的「接觸真正金澤藝妓技藝之旅」是在茶屋體驗舞蹈或座敷太鼓等座敷表演的熱門活動。以三茶屋街為會場，1年約舉辦24場。

金澤市觀光協會 かなざわしかんこうきょうかい 在這裡預約

○期間　6月～翌3月的不定期週六(1年預計24次)
○費用　體驗3000日圓(附茶飲和茶菓子)
○預約　需電話或網路預約(人數達上限即截止)
☎076-232-5555(電話受理為平日9～17時30分)
●網站 http://www.kanazawa-kankoukyoukai.or.jp/

陶醉於技藝之美

可體驗到座敷表演的寶貴機會

茶屋街的店門燈
籠同樣造型別緻

是什麼樣的地方？

從淺野川大橋到中之橋之間，沿著淺野川左岸約200公尺長的主計町是明治時期形成的茶屋街。優美的街景被指定為國家的重要傳統建築群保存地區。除了白天的散步外，更推薦華燈初上的日暮時分，別具一番風情。

くらがりざか
暗坂

從久保市乙劍宮的後方通往茶屋街的坡道。據說往昔的達官貴人們行經此街道前往茶屋。因白晝時間仍光線昏暗而得名。
Ｙ◯休自由參觀 交巴士站橋場町步行1分 Ｐ無
MAP P57中央

かずえまちりょうていくみあいじむしょ
主計町料亭組合
事務所

走下暗坂時能見到的別具風情建築，是被稱為「檢番」的主計町藝伎們的學習場所，偶爾能聽見三味線的彈奏音色。
Ｙ◯休外觀自由參觀 交巴士站橋場町步行1分 Ｐ無
MAP P57中央

あかりざか
明坂

與暗坂平行的坡道。長久以來未被取名，而是與金澤有淵源的作家五木寬之在居民的請託下而命名。
Ｙ◯休自由參觀 交巴士站橋場町步行1分 Ｐ無
MAP P57中央

日式風情表露無遺的大道

一到夜晚更加地
嫵媚動人

access

●從東茶屋街出發
步行5分
●從金澤站兼六園口(東口)出發
前往起點的巴士站橋場町
方法請參考P42

洽詢
☎076-232-5555
金澤市觀光協會
廣域MAP P137D2

從東茶屋街前往
橋的對側

淺野川大橋

橋架於淺野川上，河川因優美的水流而有女川的別名。沿岸有「鏡花之道」

淺野川的水景與豔麗的街景

主計町茶屋街

かずえまちちゃやがい

主計町為明治初期所成立的茶屋街，名列金澤三茶屋街之一。茶屋林立於淺野川沿岸，躲藏於其間的巷弄只能勉強讓一人通過般地狹窄。是充滿懷舊氣息的街區。

～散步途中的推薦景點～

主計町料亭組合事務所
5 土家
暗坂
6 いち凛
久保市 2 乙劍宮
明坂
泉鏡花 3 紀念館
4 かーふコレクション
往金澤站
金澤文藝館 1

淺野川大橋北詰
往東茶屋街
橋場町一
淺野川
大
橋
橋場町
淺野川大橋
北國銀行
北陸銀行
橋場
橋場町
往兼六園

矚目於昭和的摩登建築風格
かなざわぶんげいかん
金澤文藝館
可在此閱覽金澤相關的文學作品。2樓為「金澤五木寬之文庫」，展示文學家五木的親筆原稿和愛用品。懷舊建築也值得一見。

☎076-263-2444 ¥100日圓
⏰10～18時(入館～17時30分)
休週二(逢假日則翌日休) 交巴士站橋場町步行1分 P無

據說曾為泉鏡花玩耍場所的神社
くぼいちおとつるぎぐう
久保市乙劍宮
泉鏡花生長家庭附近的神社。神社內有鏡花的俳句石碑「破曉金星昇 鶯鳥美聲囀」。神殿的後方是通往主計町的暗坂。

☎076-221-2894 ¥休自由
參拜 交巴士站橋場町步行2分
P無

踏入泉鏡花的幻想作品世界
いずみきょうかきねんかん
泉鏡花紀念館
展示泉鏡花的著作物和愛用品。館內有重現作品中一幕的立體模型，裝幀華美的初版作品展示空間也不容錯過。

☎076-222-1025 ¥300日圓
⏰9時30分～17時(入館～16時30分) 休展示更換期間 交巴士站橋場町步行2分 P4輛

欣賞描繪主計町脫俗景象的作品
かーふこれくしょん
かーふコレクション
展示及販售主計町的名畫家Clifton Karfu的遺作。介紹約500幅的版畫和墨畫。優先開放預約者參覽。脫俗的畫風，附畫框的版畫80000日圓～。

☎076-255-3928 ⏰10～18時 休週二 交巴士站橋場町步行1分 P無

沉浸於茶屋風情休憩小歇
つちや
土家
將大正2年(1913)建的茶屋修建而成的咖啡廳，目前為金澤市的指定文化財。咖啡、紅茶和生薑湯等附和菓子500日圓。

☎090-8097-4702 ⏰10～17時 休週一、二(逢假日則營業) 交巴士站橋場町步行2分 P無

享用華麗繽紛的午餐
いちりん
いち凛
將使用當地食材的華美繽紛料理，如同寶石鑲嵌般擺放的花籃午餐1620日圓、いち凛便當2700日圓。

☎076-208-3703 ⏰11時30分～13時30分LO·17～23時LO 休週一(逢假日則營業、週二僅午餐休) 交巴士站橋場町步行2分 P無

--- 這裡也想去看看 ---

てらしまくらんどてい
寺島藏人邸
結構端正的武家宅邸。為賞吊鐘花的著名去處，也推薦春季賞花期和紅葉之際。
☎076-224-2789
MAP P137D3

おおひびじゅつかん
大樋美術館
大樋燒為加賀藩的御用窯。展示至十一代大樋長左衛門(年雄)的作品。
☎076-221-2397
MAP P137D3

きぐらや
木倉や
天正7年(1579)創業的袋物店。麟文圖案的遊禪熊吊飾864日圓很受歡迎。
☎076-231-5377
MAP P136C2

金澤文藝館位在曾為金澤最繁華鬧區的橋場町十字路口附近，富裕的達官貴人們支撐了茶屋街的發展。

access

●從金澤站兼六園口(東口)出發
【北鐵巴士】搭乘往橋場町或香林坊4分,於武藏ヶ辻・近江町市場下車即到
【西日本JR巴士】搭乘往橋場町5分,於武藏ヶ辻・近江町市場下車即到
【城下町金澤周遊巴士】往武藏ヶ辻・近江町市場搭左迴4分,下車即到

☎076-231-1462
近江町市場商店街振興組織
住金沢市上近江町50 休依店而異
P近江町停車場250輛(付費)等其餘數處停車場 MAPP136A・B2

讓我們探險於金澤居民的御用廚房吧

近江町市場
おうみちょういちば

從生鮮食品到雜貨等約180間店鋪雲集的市民專屬廚房。被當地居民暱稱為「おみちょ(Omicho)」。無論是享用美食或採買伴手禮都樂趣無窮的市場,趕緊來一探究竟吧。

近江町市場樓層圖

武藏ヶ辻・近江町市場
武藏口
近江町市場館 1F

花	海產
蔬果	餐廳
鮮魚	其他
精肉	

2F 旬彩和食 口福

いきいき亭 近江町店 ❶
廻る近江町市場寿し本店 ❹
北形青果 ❸
惠豆 しば田 ❷
世界の食品DiamondLⅡ ❺
岩内蒲鉾店 ❼
近江町コロッケ ❻

B1F
武藏ヶ辻・近江町市場
エムザ口
杉本水產 ❽
近江町旬彩焼 ❸
大松水產 ⓫
たなつや ❿
じもの亭 ⓬
海鮮丼の店 こてつ ❾
カレーのチャンピオン近江町店
近江町市場海鮮どん屋 ⓯
東出珈啡店 ⓰
能登里山里海市場
近江町市場海鮮丼 魚旨 ⓮

往Meitetsu M'za B1

鮮魚通口
黑猫宅急便
ふらっとバス (材木ルート)千間町

市場探險的秘訣

向店員無所不問
有不清楚的海鮮或蔬菜的話請盡量請教店員,甚至還會大方地教授烹調方法。

購買海鮮的訣竅
購買海鮮時建議先繞完市場一圈比較價格。接近黃昏時海鮮種類變少但開始降價求售。

利用宅配服務
如果在數間店鋪購物完後,可至位於鮮魚通口的黑貓近江町宅急便中心進行宅配。

手拿點心零食
邊走邊吃

**開始市場
探險之旅**

おうみちょうころっけ
近江町コロッケ

熱騰騰現炸大快朵頤

當地居民最推薦的可樂餅，種類豐富。裡頭軟綿熱騰騰，外面酥脆，是近江町的代表小吃。

☎076-232-0341
🕐9～17時 休假日
MAP P58❻

甜蝦可樂餅1個260日圓

おうみちょうしゅんさいやき
近江町旬彩燒

現場大啖美味海鮮

在現場大啖新鮮海鮮的大松水產燒烤部門。夏季限定的能登岩牡蠣很受歡迎。

☎076-232-2758
🕐9～15時 休週三
（逢假日則營業）
MAP P58⓭

奶油烤扇貝1個350日圓～

すぎもとすいさん
杉本水產

長年深受喜愛的平民滋味

販售金澤的夏季特產蒲燒泥鰍和鰻魚。沾上獨家的醬汁可謂絕品。冬季還有加能螃蟹。

☎076-261-3300
🕐9時30分～17時
休週日、假日
MAP P58❽

蒲燒泥鰍1串120日圓～

いわうちかまぼこてん
岩內蒲鉾店

享用現烤的魚板魚丸

繼承以往的手工技術，將日本海的食材製作成竹輪、魚板等魚漿製品的專賣店。尤其現做的格外美味。

☎076-231-0952
🕐8～17時 休假日
MAP P58❼

烤花枝丸1串100日圓

あやまめ しばた
恵豆 しば田

長年深受喜愛的平民滋味

販賣使用國產100%黃豆和鹵水的手工豆腐與豆皮。還有秋冬限定的豆渣饅頭，有炸和蒸2種吃法。

☎076-224-1028
🕐9～17時 休週三、週日、假日
MAP P58❷

炸豆渣饅頭1個200日圓

 近江町市場的購物時段最推薦上午。15時過後不少店家的商品售罄，開始打烊。

近江町的美味午餐
首選堆積如山的豐盛海鮮蓋飯

裝滿新鮮海產的豐盛海鮮蓋飯是近江町市場的必吃午餐。
有金箔點綴的華麗海鮮蓋飯、以超大分量自豪的海鮮蓋飯等，吃撐肚皮滿腹而歸！

おうみちょういちば かいせんどんや
近江町市場
海鮮どん屋

**用色彩鮮艷的食材
塞滿木桶的豪華海鮮蓋飯**

海鮮蓋飯能享用到市場的新鮮食材、能登產的越光米、金澤的大野醬油等當地嚴選食材。食量較小的人，則推薦小分量但裝滿超過10種食材的近江町蓋飯2000日圓。

☎076-222-1176 ⏰11～21時（食材售完打烊） 🈺週三（逢假日則營業）
MAP P58⑮

請特別注意師傅們的精湛刀工

**百萬石木桶散壽司
2800日圓**
散發些許麻油香味的醋飯上擺滿了14～15種的食材。附味噌湯。

かいせんどんのみせ こてつ
海鮮丼の店 こてつ

**發揮割烹的精湛廚藝
細膩且色彩豐富的料理**

由隨和的店長與夫人所經營，僅有吧檯座的小店。在割烹服務30年的店長大展身手，細心烹調出極致無上的海鮮蓋飯。使用溫飯和自家釀的醬油才能發揮出食材本身的美味，是こてつ的最大特色。

☎076-264-0778 ⏰11時30分～15時（食材售完打烊） 🈺週三、不定休
MAP P58⑨

**近江町艷彩蓋飯
4300日圓**
海膽、鮭魚卵、蟹肉和花枝，再灑上金箔顯得五彩繽紛。附湯品與小菜。

吧檯座位9席的袖珍店面

餐後來杯自家烘焙咖啡

受到市場工作者們歡迎的**東出珈琲店**。細心挑出缺陷的咖啡豆，每天烘焙的咖啡有綜合咖啡3種、單品咖啡17種430日圓～。

☎076-232-3399 MAP P58⑯

いきいきてい おうみちょうてん
いきいき亭 近江町店

盛滿清晨捕獲的新鮮魚貨
心滿意足的大分量蓋飯

海鮮蓋飯的食材另外裝盤，所以能當生魚片享用。醋飯免費供應所以大分量也OK。食量較小的人則推薦迷你金澤蓋飯1500日圓，同樣能享用到清晨捕獲的新鮮10種食材。

☎076-222-2621 ⏰7～15時左右(食材・米飯售完打烊) 休週四(逢假日則營業)・月1～2次不定休 MAP P58❶

海鮮蓋飯・華 ※灑上金箔
2250日圓 +100日圓
奢侈裝滿甜蝦和鰤魚等11種的食材。金箔的妝點更是豪華。

jimonotei
じもの亭

滿～溢而出
新鮮當地食材超大滿足

如店名意義，提供主要為當地食材的豐富料理。除了海鮮蓋飯，還有生魚片、單點料理和珍味等多樣選擇。平日限定，從13種食材挑選3樣的小分量蓋飯的海鮮饗宴蓋飯1500日圓很受歡迎。

☎076-223-2201 ⏰11～15時(食材售完打烊)
休週三 MAP P58⑫

證明入口的大燈籠

早上7點開店，適合時間寶貴的觀光客

いきいき亭蓋飯
2000日圓
堆滿極度新鮮的魚、螃蟹、蝦等14種食材。附味噌湯。

近江町市場蓋飯
1900日圓
嚴選甜蝦和鰤魚等13～14種不同季節的當季食材。附味噌湯。

おうみちょういちばかいせんどん うおうま
近江町市場海鮮丼 魚旨

奢侈使用大量嚴選食材
感受海鮮的真實美味

將當季最美味的食材奢侈地切成厚片，能享受到海鮮原本美味的海鮮蓋飯和握壽司的熱門餐廳。米飯或調味料等堅持使用安心安全的當地產、白山麓鳥越地區產，醋則使用鶴來地區釀造的醋。

☎090-1393-4560 ⏰11時左右～18時左右(食材售完打烊) 休不定休
MAP P58⑭

用餐時刻需大排長龍

📖 當地居民所熟悉的近江町市場。清晨時有專業的廚師摩肩接踵，黃昏時則可見到準備晚餐的家庭主婦。

繽紛熱鬧金澤居民的餐桌
將絕品滋味美食帶回家

難能可貴來到「金澤居民的廚房」，何不採買當地居民喜愛的美味伴手禮呢？
市場內附設宅配櫃台，所以購買過量也無需煩惱。

米製成的色彩繽紛果醬

在口中擴散的黃豆粉香味

日本海的冬季王者認明藍色標籤

金澤麥芽果醬
50g入 432日圓
以米和大麥麥芽製成，不使用砂糖的果醬。共有石川縣產的草莓和南瓜等4種口味。
🛍たなつや

黃豆粉丸子
35g入 390日圓
在炒豆外裹上數層有機黃豆粉的豆菓子。黃豆粉的甜味和炒豆滋味實在美味。
🛍たなつや

加能螃蟹
1隻 6000日圓～
石川縣產松葉蟹的品牌。體型較小但價格實惠。漁獲期為11～3月。
🛍大松水產

從古傳承至今的傳統蔬菜滿栽而歸

提到金澤火鍋莫過於此冬季代表料理湯包

使用有機米精釀而成的純米酒

當季加賀蔬菜禮盒
3000日圓～
包含源助白蘿蔔等從古栽種至今的15種蔬菜。內容因季節而異。
🛍北形青果

松屋的雞肉蔬菜味噌鍋
200g入 324日圓（參考價格）
金澤冬季不可或缺的雞肉蔬菜味噌鍋的調味味噌。味噌和香辛料簡直絕配。
🛍世界の食品DiamondLⅡ

有機純米酒 AKIRA
720㎖入 2322日圓
金澤的老字號酒廠使用金澤大地的有機米製成的日本酒。順口且濃醇的味道。
🛍たなつや

🏠當地美食齊聚一堂
せかいのしょくひんだいやもんどえるつー
世界の食品 Diamond LⅡ
市場內的超市分店。販售在地受歡迎的調味料和餅乾糖果。
☎076-232-0341 ⏰9～17時
休假日 MAP P58⑤

🏠堅持提供安心的嚴選穀物
たなつや
たなつや
有機栽培農家所經營的穀物專賣店。同時販售使用自己栽種穀物製成的調味料和餅乾。
☎076-255-1211 ⏰9～18時
休無休 MAP P58⑩

🏠極度新鮮魚貨在這裡
だいまつすいさん
大松水產
受到當地高度評價，創業130年的海鮮專賣店。店員會貼心地傳授享烹的方法。
☎076-263-1201 ⏰8～17時
休不定休 MAP P58⑪

🏠店主是蔬菜品嘗師
きたがたせいか
北形青果
販售品種豐富的加賀蔬菜等石川縣產的蔬菜。可在此詢問食用方法與保存方式。
☎0120-831-803 ⏰8～18時
休不定休 MAP P58③

在近江町市場學習新知
四季繽紛！金澤的當季食材年曆

餵飽金澤居民肚子的市場中，可品嘗到一年四季的當地美食。
究竟隱藏著何種美食呢？讓我們來找尋備受矚目的美味食材吧。

無論是專業廚師或觀光客皆齊聚一堂的金澤市民廚房

和店員攀談交流為市場魅力之處

蔬果店前排列著罕見的蔬菜

{新鮮的海鮮再加上傳統蔬菜 四季繽紛食材的寶庫}

近江町市場的歷史悠久，以享保6年（1721）散佈於金澤城周邊的市場聚集於同一地為開端。市場誕生至今約經過295年，除了一般家庭外，專業的廚師們也時常光顧而顯得生氣蓬勃。市場內最受矚目的莫過於日本海的海鮮。石川海岸為對馬暖流和從庫頁島來的寒流所交會之處，是良好的漁場，能捕獲鰤魚和松葉蟹等冬季海鮮。接著，更不容錯過的便是加賀蔬菜。自古以來栽培於金澤周邊的蔬菜共有15種，大多為色彩鮮豔和外型獨特的作物。由於產季幾乎是夏秋期間，如果在這段時期到訪近江町市場，不妨到蔬果店一探究竟吧。

密切注意這些海鮮！

喉黑 3～10月
雖然有紅喉魚的名稱，但在金澤普遍被稱為喉黑。鹽烤喉黑堪稱絕品。

岩牡蠣 6～8月
夏季撈獲的天然牡蠣。特徵為體型大粒且味道濃厚。

甜蝦 9～3月
有如融化般的甜味，最適合作為生魚片或壽司等生吃法。

鰤魚 10月下旬～1月下旬
隨著生長階段會改變名稱的「升遷魚」。可做生魚片或燒烤。

松葉蟹 11月上旬～3月中旬
石川縣產的松葉蟹有「加能螃蟹」的品牌名稱。

務必記住的 加賀蔬菜

金時草 1月中旬～11月下旬
葉片背面為鮮豔的紫色，特徵為水煮時會產生黏液。

加賀粗黃瓜 4月上旬～11月下旬
柔軟且保存期很長。削皮後可做熱煮或醃醋。

打木赤皮甘栗南瓜 5月下旬～10月下旬
顏色鮮豔且口感濕潤。有強烈的甜味，適合燉煮。

五郎島金時 8月中旬～5月下旬
金澤地方方言中被稱為「kobokobo」，烤得鬆軟甜味週的地瓜。

源助白蘿蔔 10月下旬～1月下旬
柔軟但烹煮時卻不易變形，適合做關東煮或燉煮。

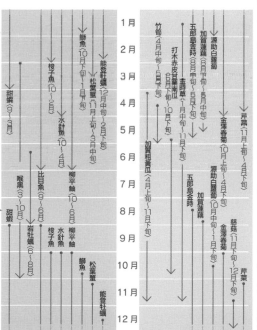

月曆圖（1月～12月）：

海鮮：鰤魚（10月下旬～1月下旬）、能登牡蠣、松葉蟹（12月中旬～3月下旬）、梭子魚（10～12月）、甜蝦（9～3月）、水針魚（10～4月）、喉黑（3～10月）、比目魚（9～6月）、柳平鮋（10～6月）、岩牡蠣（6～8月）

蔬菜：竹筍（4月中旬～5月中旬）、打木赤皮甘栗南瓜（5月下旬～10月下旬）、金時草（1月中旬～11月下旬）、源助白蘿蔔（10月下旬～1月下旬）、五郎島金時（8月中旬～5月下旬）、加賀蓮藕（10月中旬～2月下旬）、加賀粗黃瓜（4月上旬～11月下旬）、金澤春菊（10月上旬～4月下旬）、慈菇（11月～12月中旬）、芹菜（11月～4月下旬）

近江町市場●絕品滋味美食帶回家／金澤的當季食材年曆

63

重點看過來！

前往擁有頂級庭園的
武家宅邸遺跡 野村家

受到全世界矚目，庭園和廳
堂值得一見的名家宅邸。
(☞P66)

重點看過來！

別錯過重新裝修的
優質町家商店

擁有懷舊氛圍，別具特色
的咖啡廳和店鋪正增加
中。(☞P68)

香舖伽羅的香散
發出優雅香氣

重點看過來！

在土牆連綿的巷弄內
悠哉漫步

帶有屋頂的土牆和長屋門
連綿不絕。門的深處多為
一般住宅。(☞P66)

長町武家宅邸遺跡
就在這裡！

藩政時代的往昔風景隨處可見

長町武家宅邸遺跡

ながまちぶけやしきあと

是這樣的地方

藩政時代加賀藩的中級武士住宅聚集在這一
帶。土牆沿著交錯的巷弄而建，連綿不絕的街景
彷彿令人時光倒流回到江戶時代一般。大野庄
用水兩旁開設了咖啡廳和伴手禮店。最近改裝
町家而成的時髦店鋪如雨後春筍，受到了金澤
居民的熱烈矚目。

access

●從金澤站兼六園口(東口)出發
【北鐵巴士】
搭乘往片町至南町·尾山神
社7分，至香林坊9分
【西日本JR巴士】
往片町9分，香林坊下車
【城下町金澤周遊巴士】
搭左迴8分至香林坊

洽詢
☎076-232-5555
金澤市觀光協會
廣域MAP P138A·B1～2

64

～長町武家宅邸遺跡 快速導覽MAP～

金澤市足輕資料館 4 （☞P67）

ひらみぱん 5 （☞P69）

6 香舗伽羅 （☞P67）

土牆住宅的優美街道在這裡
從香林坊到大野庄用水的錯綜小路別有一番意境。

大野庄用水 3 （☞P67）

武家宅邸遺跡 野村家 2 （☞P66·71）

導覽志工所在的長町武家宅邸休憩館
設有休憩室和觀光導覽中心，導覽志工常駐於此。
☎076-263-1951

1 長町武家宅邸遺跡 （☞P66）

長町觀光停車場 20輛
¥1小時300日圓
7時30分～18時
076-220-2244

兼六停車場 31輛
¥平日1小時200日圓
週六日、假日1小時400日圓
24小時

觀光的提要
觀光後於香林坊一帶的居酒屋小酌一杯吧
長町武家宅邸遺跡的觀光時間接近傍晚的話，晚間可到附近的香林坊和片町。何不在海鮮居酒屋享受當地產酒和菜餚呢？（☞P90）

長町武家宅邸遺跡

推薦的行程時間
2小時
從香林坊巴士站走入巷弄，別富風情的街景便映入眼廉。觀光景點大多集中於武家宅邸遺跡 野村家所在的大野庄用水沿岸。鞍月用水沿岸則是有眾多具特色的町家店鋪。

起點		1		2		3		4		5		6		終點
巴士站 香林坊	步行6分	參觀 長町武家宅邸遺跡	步行3分	參觀 武家宅邸遺跡 野村家	步行1分	參觀 大野庄用水	步行3分	參觀 金澤市足輕資料館	步行2分	咖啡廳 ひらみぱん	步行即到	購物 香舗伽羅	步行5分	巴士站 香林坊

65

感受藩政時代的往昔面貌
大野庄用水沿岸漫步

散步所需
2小時

加賀藩武士宅邸的所在區域時常作為電影或戲劇的拍攝場景。土牆、用水以及石板路……。漫步於交錯密布的巷弄，彷彿時光倒流回到了江戶時代。

狹小巷弄旁連綿的土牆是長町的獨特風景

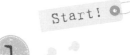
Start!

試著找看看吧

積雪石
將木屐踩踏於石塊上，藉以去除屐齒間的積雪。

冬季來臨時…

防雪草蓆
金澤冬季的代表景象。將稻草編成草蓆鋪於土牆上以防止積雪。

① ながまちぶけやしきあと
長町武家宅邸遺跡

江戶街景現身於現代！
土牆可見藩政期的往昔面貌

除了擔任加賀藩家老的長家和村井家外，還有中級武士所居住的住宅區。錯綜複雜的巷弄是為了防止外敵入侵所設計的構造。設有木羽板屋頂的土牆和長屋門連綿不絕，令人遙想藩政期的城鎮往日情景。

¥自由參觀 🚌巴士站香林坊步行6分 P無 MAP P138B2

② ぶけやしきあと のむらけ
武家宅邸遺跡 野村家

P71也
Check

極致奢侈的住家和庭園
富商所建的名家宅邸

野村家為前田家的直屬家臣，並且是世代擔任御馬廻組頭的名家。現在的建築為加賀的富商久保彥兵衛為了招待大聖寺藩主，而將部分宅邸移建而成。加賀藩的專屬繪師所畫的襖繪和玻璃窗門等，豪華絢麗值得一看。

☎076-221-3553 住金沢市長町1-3-32 ¥550日圓 🕗8時30分～17時入館（10～3月為～16時入館）休12月26·27日 🚌巴士站香林坊步行8分 P6輛
MAP P138A2

從奧之間所見樹齡約400年的錐栗樹

散發武家固若金湯氣息的雄偉正門

檜木格子天花板等豪華裝飾引人注目的上段之間（內）和謁見之間（外）

另一座的用水，鞍月用水

穿越長町武家宅邸遺跡前往香林坊
時可見另一座用水。此為鞍月用水，
據說常藉此啟動水車搾取菜籽油，
或是作為農業用水。

MAP P138B1

③

爽口甜味的抹茶紅豆湯842日圓

さかこうぼうたろう おにかわてん
茶菓工房たろう 鬼川店

**欣賞野村家庭園的同時
放鬆地品嘗手工製和菓子**

堅持使用天然食材，精心製作的時
髦造型和菓子充滿魅力。店內設有
面對野村家庭園的飲茶空間，能品
嘗到抹茶（附上生菓子）734日圓～
或當季的上生菓子等甜點。

☎076-223-2838 住金沢市長町1-3-32
🕐8時30分～17時30分（飲茶為～16時30
分LO）休無休 交巴士站香林坊步行8分
P6輛 **MAP** P138A2

窗外可見野村家的庭園映入眼簾

④
おおのしょうようすい
大野庄用水

**守護城市的最古老用水
豎起耳朵聆聽寧靜水聲**

為了防禦市中心免於遭受外敵入侵
或祝融之災，於400年前所建最古老
的用水。由於過往裝載日常貨物的
船隻往來於上，所以被稱為御荷
川，時至今日則是有鬼川的愛稱。

🕐🍴休自由參觀 交巴士站香林坊步行6分
P無 **MAP** P138A2

從流經金澤市中心的犀川引水

設有解說足輕生活樣貌的展示區

⑤

かなざわしあしがるしりょうかん
金澤市足輕資料館

**支撐加賀藩的下級武士
一窺足輕的生活樣貌**

使用藩政期至平成時代實際居住過的
2幢足輕住宅並加以移建，目前對外
開放參觀。觀察堅固且五臟俱全的內
部擺設和家中設備等，可令人想像當
時足輕的樸素生活。

☎076-263-3640 住金沢市長町1-9-3 ¥
免費入館 🕐9時30分～17時 休無休 交巴士
站香林坊步行8分 P無 **MAP** P138A1

香道體驗於香座數「香林」舉行

Goal!

⑥
こうほきゃら
香舖伽羅

**發現自己鍾愛的香氣
香氛精品店**

瀰漫著伽羅木優雅香氣的店內，約
販售300種的香。由於能試聞香味，
何不在此尋找適合自己的香氣呢？
香道體驗2000日圓（所需1小時，需
預約）也深受好評。

☎076-233-0477 住金沢市高岡町19-
17 🕐10～18時30分（週日、假日為～18
時）休第1、3、5週三 交巴士站香林坊步
行5分 P1輛 **MAP** P138B1

最受歡迎的「銀
杏羽香包」864日
圓和模樣可愛的
香碟640日圓

📖 在市區中有著清澈水流、位武家宅邸周邊的大野庄用水，到6月可見螢火蟲現身。

讓傳統民宅華麗變身
特色商店正如雨後春筍

長町內改建為商店的町家（民宅）正引起騷動。懷舊風的外觀和土牆的街景融為一體。聆聽用水的潺潺水聲，遍訪特色商店樂趣無窮。

懷舊風和時尚感所交織的嶄新藝術場域

あとりえあんどぎゃらりー　くりーうぁ
atelier & gallery creava

改建明治時代倉庫而成的陶藝工坊，欣賞別緻庭園的同時，能進行轆轤拉坯和塗色的陶藝體驗3500日圓（運費另付）。藝廊除了有常設展外，還會舉辦以年輕作家為中心的企劃展。附設的咖啡廳能品嘗到冰滴咖啡。

1利用倉庫改建的展示室一年舉辦數次的現代藝術企劃展 **2**咖啡廳能品嘗到650日圓的皇家咖啡（冰滴咖啡）**3**電動轆轤的體驗時間約為1小時30分

☎076-231-4756　住金沢市長町2-6-51　⏰11～19時（體驗需預約，11、13、15、17時～的4次）休無休（藝廊、咖啡廳為週一）交巴士站香林坊步行8分　P3輛　MAPP138A1

散發古董品特有暖意的家具與雜貨

ぐろいに
Gloini

開設於鞍月用水流經的せせらぎ通上，是座將民家改裝販售家具和雜貨的店鋪。擺放於具有統一感店內空間的桌椅是從歐洲各地蒐集來的古董品。販售流蘇鑰匙圈1404日圓、方便使用的食器等種類豐富的生活雜貨。還有進口食品與外文書籍等商品。

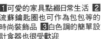

1可愛的家具點綴日常生活 **2**流蘇鑰匙圈也可作為包包等的時尚裝飾品 **3**白色調的簡單設計食器也很受歡迎

☎076-255-0121　住金沢市長町1-6-16　⏰10時30分～19時　休不定休　交巴士站香林坊步行5分　P1輛　MAPP138B1

精心挑選能長久使用的生活用品
niguramu

蒐羅日本作家的作品和日本製商品的選貨店。販售廚房用品、打掃用具和包包等符合成年女性品味的簡單耐用生活用品。

☎076-255-2695 **MAP**P138B1

誘人的麵包香氣引人大啖簡樸的法式料理

ひらみぱん

利用大正時期所建的鐵工廠改建而成的餐館。在懷舊風的用餐空間中，能享用到使用自製香腸和發酵高麗菜燉煮的酸菜鍋2500日圓等法國的鄉土料理。提供外帶的天然酵母自製麵包和西式家常菜也極受歡迎。

☎076-221-7831 **住**金沢市長町1-6-11 **時**8～21時30分LO **休**週一・不定休 **交**巴士站南町・尾山神社步行5分 **P**1輛
MAPP138B1

1剛出爐的麵包散發出香醇氣味 **2**販售獨家的咖啡豆 **3**法式鹹派和沙拉的午餐1500日圓

從著名作家的珍貴古書中尋找一本你喜歡的書

およよしょりん せせらぎどおりてん
オヨヨ書林
せせらぎ通店

留有大正時代氣息的店內最引人矚目的便是一整面牆的書櫃。以文藝、思想和社會科學類為中心，和金澤相關的室生犀星，或是活躍於明治至昭和中期的作家們的小說齊聚於此。光是翻閱便覺得有趣的圖錄雜誌、外文書和繪本等也種類豐富。

☎076-255-0619 **住**金沢市長町1-6-11 **時**11～19時 **休**週一 **交**巴士站南町・尾山神社步行5分 **P**無 **MAP**P138B1

1一整面牆的書櫃對愛書人有著無比誘惑 **2**玻璃展示櫃有江戶時代的百人一首 **3**Savignac、室生犀星和澀澤龍彥的著作

📖 在金澤市政府的主導下進行町家的再生計劃，作為藝廊或工坊的民家正逐漸增加。

不妨到這裡走走！

長町武家宅邸遺跡的推薦景點

まえだとさのかみけしりょうかん
前田土佐守家資料館

瞭解上級武士的日常生活

收藏、展示加賀藩重臣的前田土佐守家所保存下來的資料。以古文書為主，還有武具、書畫和日常用品等廣泛的展示品，藉此介紹上級武士的生活。江戶時代的骰子複製品510日圓和貼紙100日圓等商品也大獲好評。 **DATA** ☎076-233-1561 **住**金沢市片町2-10-17 **⊙**9時30分～17時(入館～16時30分) **休**展示更換期間 **¥**300日圓 **P**無 **交**巴士站香林坊步行5分 **MAP**P138B2

きゅうかがはんしたかだけあと
舊加賀藩士高田家跡

以復原的長屋門介紹中級武士的生活

身為加賀藩中級武士的高田家宅邸。占地目前被規劃為庭園，過去只有中級武士以上階層才被允許建造的長屋門也復原重建。長屋門也一如其名，為長屋建築的大門，門的兩側是奉公人所居住的房間與馬廄。 **DATA** ☎076-263-3640 (金沢市足經資料館) **住**金沢市長町2-6-1 **⊙**9時30分～17時 **休**無休 **¥**免費 **P**無 **交**巴士站香林坊步行8分 **MAP**P138A1

かなざわせいれいびょういんせいどう
金澤聖靈醫院聖堂

金澤的傳統技術隨處可見

昭和6年（1931）所建的羅馬式風格木造教堂。內部有罕見的榻榻米地板、獅子頭工匠所雕刻的十字架、金箔和黑漆所塗裝的圓柱等，隨處可見金澤特色的巧思令人驚艷。 **DATA** ☎076-231-1295 (金澤聖靈綜合醫院) **住**金沢市長町1-5-30 **⊙**8～18時 **休**無休 (舉辦儀式時謝絕參觀) **¥**免費 **P**無 **交**巴士站香林坊步行8分 **MAP**P138A1

しきのてーぶる
四季のテーブル

治部煮大受歡迎！品嘗金澤滋味

在地鄉土料理研究家青木悦子經營的餐廳。能品嘗到以傳統、健康和金澤美食為宗旨製作的料理。最推薦金澤的代表料理治部煮，金澤治部煮膳1560日圓～。 **DATA** ☎076-265-6155 **住**金沢市長町1-1-17青木廚藝學校1F **⊙**9時30分～20時30分LO(午餐11～15時、晚餐17時～) **休**週三(逢假日則翌日休) **P**3輛 **交**巴士站香林坊步行5分 **MAP**P138B2

くにやきかぶらきしょうほ おいしいいっぷくかぶらき
九谷燒 鏑木商舖 おいしいいっぷく鏑木

享受九谷燒樂趣的綜合空間

設有九谷燒的店舖和展示室。餐廳除了用九谷燒裝盛的加賀蔬菜外，還能品嘗到當地食材製作的料理。加賀蔬菜咖哩1000日圓。 **DATA** ☎076-221-6666 **住**金沢市長町1-3-16 **⊙**9～22時(咖啡廳10時～、午餐11時30分～14時30分、晚餐18～21時30分LO)週日、一、假日～18時) **休**不定休 **P**無 **交**巴士站香林坊步行6分 **MAP**P138B2

あまみどころ きんかとう
甘味処 金花糖

費盡心血的手工甜品

隱藏於住宅區內的甜品店，現代口味的日式甜點十分迷人。除了餡料、湯圓和寒天外，冰淇淋也是店舖自行製作。紅豆餡加上冰淇淋、湯圓和水果等甜品大集合的鮮奶油餡蜜800日圓值得推薦。 **DATA** ☎076-221-2087 **住**金沢市長町3-8-12 **⊙**12時～日落時分 **休**週二、三 (逢假日則翌日休) **P**4輛 **交**巴士站香林坊步行11分 **MAP**P138A1

せせらぎ通的店舖
別錯過鞍月用水流經的せせらぎ通的店舖

別具特色的店舖和咖啡廳林立於鞍月用水沿岸，不妨試著一探究竟吧。

る・ぽんど・しょこら・さんにこら
Le pont de chocolat Saint Nicolas

時髦的巧克力店&咖啡廳

販售30種巧克力的專賣店，可以在店舖內食用。柑橘慕斯外裹上巧克力的Lafaro（圖片）為460日圓。 **DATA** ☎076-234-8669 **住**金沢市香林坊2-12-24 **⊙**11～19時(週二為～18時) **休**週三 **P**無 **交**巴士站香林坊步行4分 **MAP**P138B2

しゅぼう しょうじょう
酒房 猩猩

暢飲當地美酒搭配美味酒菜

可品嘗到精選日本酒的店長精選的當地產酒，及手工製作的下酒菜。當地產酒超過20種選擇，半瓶388日圓～。 **DATA** ☎076-222-2246 **住**金沢市香林坊2-12-15 **⊙**17時45分～23時LO **休**週日(連續假則最終日休) **P**無 **交**巴士站香林坊步行4分 **MAP**P138B2

らりー
rallye

少女心爆發的商品成群！

細膩設計的衣服和雜貨的選貨店。精細手工的動物胸針（圖片）2000日圓～。 **DATA** ☎076-265-7006 **住**金沢市香林坊2-11-7川岸大樓1F **⊙**11～19時 **休**週三(逢假日則營業) **P**1輛 **交**巴士站香林坊步行3分 **MAP**P138B1

受到全世界的萬眾矚目
武家宅邸遺跡 野村家的庭院

加倍樂遊 導覽

fumu fumu

長町範圍唯一對外開放參觀內部的野村家，擁有極美庭園。
在此介紹受到國外庭園雜誌高度評價，野村家庭園的獨到魅力。

觀光導覽志工

向まいどさん 請教解惑！

此生必訪一次！

喜多益雄先生
擔任金澤觀光導覽志工協會「まいどさん」的會長，本身也熱心地投入於導覽活動。

仔細欣賞寧靜時間流逝的庭園

試著從2樓 眺望景色？

穿過外廊走上石階後到達的「不莫庵」中，能品嚐到抹茶300日圓（附干菓子）。

走進入口後右側的茶室

俯瞰樹木茂密生長的庭園

Q 請告訴我哪裡值得一看！
稱不上寬廣的庭園內，巧妙地配置了樹木與橋樑，在其創作意境中感受到深遠的加賀文化。

Q 有什麼推薦的欣賞地點嗎？
最推薦從外廊欣賞的景色。庭園內的奇岩怪石也百看不膩。

Q 想知道驚人的小秘密！
庭園對側的中庭有著被刻紋的石頭。石頭板稱為戶室石，同樣也被使用於金澤城的石垣。

刻劃悠久時空的靜謐名園
鄰近水面的宅邸宛若水上宮殿

野村家於2009年獲得米其林觀光指南的二星評價。除了建築外，庭園更是震撼人心。庭園內配置了各式形狀的燈籠與橋樑，四季各有迥異風情。從大野庄用水下流所引進的水，受到曲水和從上流池塘落下的衝擊後又再回到用水，藉此可一窺藩政期的

卓越土木技術。這些曲水和燈籠等造景的絕妙配置，以及和建築的協調性受到高度評價，2003年被國外的庭園專業雜誌『Journal of Japanese Garden』選為日本庭園第3名，僅次於京都的桂離宮。受到國外的高度矚目。

走進入口後左側的待機間

別忘了抬頭看用箆白筍的蓋所建的罕見天花板

庭園平面圖

2樓
待機間
水屋
茶室
石階
微樹
WC
上段之間
佛間　謁見之間　待機間　奧之間
1樓
山桃木
大雪見燈籠
大架橋
錐栗樹

❶ 山桃木
在北陸栽培不易的山桃古木。樹齡超過400年，被指定為金澤的保存樹。

❷ 大雪見燈籠
高6尺，庭園內13座燈籠中最大的燈籠。冬季掛上草蓆的模樣十分優美。

❸ 大架橋
位於面對庭園的右側深處。以櫻御影石所建成，長約2公尺的大架橋。

❹ 錐栗樹
種類為天女栲。樹齡超過400年，樹形壯觀。

重點看過來！

徹底享用
當地居民的靈魂食物

午餐不妨享用金澤居民熱愛的平價當地美食吧？
(☞P74)

重點看過來！

居酒屋&Bar
前往大人的享樂去處

活力滿點的居酒屋和關東煮店。在大人Bar徹夜享受狂歡。(☞P78·79)

位於片町的赤玉
本店的關東煮

香林坊・片町・竪町
就在這裡！

重點看過來！

漫步於
購物天園

從大樓林立的大馬路到竪町和新竪町一帶，商店櫛比鱗次。(☞P76)

享受美食與購物的繁華鬧區

香林坊・片町・竪町

こうりんぼう・かたまち・たてまち

是這樣的地方

香林坊・片町周邊為北陸最熱鬧繁華的地段。百貨公司和時尚大樓林立，假日則有眾多的購物人群來訪。餐廳比比皆是，熱鬧喧囂至深夜仍不停歇。時髦流行的時尚街竪町，以及擁有許多別具特色店鋪的新竪町也不容錯過。

access

●從金澤站兼六園口(東口)出發
【北鐵巴士】
搭乘往片町至香林坊9分，
至片町12分
【城下町金澤周遊巴士】
搭左迴8分至香林坊，至片町11分

洽詢
☎076-232-5555
金澤市觀光協會
廣域MAP P138B·C2～4
P141D·E1～2

～香林坊・片町・竪町 快速導覽MAP～

觀光的提要
和金澤21世紀美術館或長町搭配觀光
從香林坊無論是到金澤21世紀美術館（☞P22）或長町武家宅邸遺跡（☞P64）皆步行可到，適合配間時觀光。西茶屋街（☞P80）也在不遠之處。

當地居民的好去處
竪町～新竪町商店街
店舖櫛比鱗次，追求流行的年輕人隨處可見。

推薦的行程時間
4小時
午餐過後，稍微步行到時尚店鋪林立的新竪町，逛逛手工藝品店。由於建築造型特殊，光散步也是一大樂趣。夜晚則是到熱門的海鮮居酒屋享用美酒佳餚。

起點	1	2	3	4	5	6	終點
巴士站 片町	美食 Grill Otsuka	購物 taffeta	購物 KiKU	購物 輪島キリモト・金澤店	咖啡館 野田屋茶店	夜間娛樂 いたる 本店	巴士站 香林坊
	▶ 步行5分	▶ 步行10分	▶ 步行30秒	▶ 步行4分	▶ 步行3分	▶ 步行5分	▶ 步行5分

受到當地居民熱烈支持而高朋滿座
1000日圓價位的心滿意足午餐

對金澤居民來說這些是理所當然的事！從當地美食到氣氛輕鬆的咖啡廳料理，
於競爭激烈的區域當中，在此介紹以便宜美味而大受歡迎的餐廳首選料理。

提到金澤的靈魂食物便是炸蝦蛋包飯！

片町
ぐりるおーつか
Grill Otsuka

昭和32年（1957）創業的老字號西餐廳。招牌料理為擺上滑嫩煎蛋、白肉魚和炸小蝦的炸蝦蛋包飯。

☎076-221-2646 住金沢市片町2-9-15 ⏰11～15時30分LO(週六日、假日～19時50分LO) 休週三(有補休日) P無 交巴士站香林坊步行5分 MAP P138B3

炸蝦蛋包飯 900日圓
番茄蛋包飯搭配上自製的塔塔醬間直絕配。

懷舊氣氛的店內空間

片町
はちばんらーめん　さいがわおおはしてん
8番らーめん 犀川大橋店

誕生於國道8號沿線，目前包括國外，已經開設超過230間店鋪的連鎖店。自製的粗縮麵和熬煮豚骨與蔬菜的湯頭互相搭配，孕育出獨特的深奧滋味。

☎076-232-1238 住金沢市片町2-21-12 KD大樓1F ⏰11時30分～翌5時45分LO(週日、假日～翌2時45分LO) 休無休 P無 交巴士站片町步行1分 MAP P138B4

說到金澤拉麵便是這裡

能攝取豐富蔬菜的健康拉麵

蔬菜拉麵（鹽） 604日圓
以沖繩海水製成的鹽為特徵。可選擇味噌等共5種口味。

橫仿當地人點餐時説Tonbara（豬五花）！

片町
うちゅうけんしょくどう
宇宙軒食堂

永遠門庭若市的在地定食餐廳。豬五花定食的祕傳辣醬令人上癮，受歡迎到約8成的顧客點這道料理。炸豬排定食等常見的料理也一應俱全。

☎076-261-8700 住金沢市片町1-5-29 ⏰11～22時 休週二 P無 交巴士站香林坊步行3分 MAP P138B3

豬五花定食 680日圓
切成薄片的豬五花以鐵板煎烤。特製醬料和白飯十分對味。

白天因上班族而人聲鼎沸

這道美食也不容錯過
濃醇的金澤咖哩

受到廣大支持的金澤咖哩的老字號餐廳ターバンカレー本店。咖哩醬中滿滿是食材的美味。最推薦的是擺上炸肉排、小香腸與漢堡肉的L套餐咖哩(中)880日圓。
☎076-265-6617 MAP P138C3

半釉汁和塔塔醬的搭配
天衣無縫

堅町周邊
ふる おぶ ぴーんず
FULL OF BEANS

改裝超過100年歷史的住宅，配置巴黎古董品的咖啡廳。主要使用雜穀和糙米的十六穀飯，以及大量使用當季蔬菜的午餐是餐廳的自傲料理。

☎076-222-3315 住金沢市里見町41-1 ⏰11時30分～16時、17時30分～23時 休週三(逢假日則翌日休) P無 交巴士站香林坊步行6分
MAP P138C4

在和式座位空間享用午餐

蔬菜塔塔醬的炸蝦蛋包飯 900日圓
炸蝦搭配自製的塔塔醬，分量充足飽腹。

堅持使用安心安全
食材的午餐

香林坊周邊
ぜんかいこうしょう
全開口笑

加入和食的料理方式，使用加賀蔬菜等食材創造出金澤風格的中華料理店，廣受顧客喜愛。小菜的選擇眾多，一個人也能嘗到多種料理滋味。

☎076-222-4262 住金沢市柿木畠5-7 ⏰11時30分～14時、18～22時30分LO 休週一 P無 交巴士站香林坊步行4分 MAP P138C3

2樓為寬敞的桌椅座位，適合團體用餐

生菜炒飯 1200日圓
香脆口感的生菜和加入松葉蟹蟹肉的奢侈炒飯

新堅町
いはのは
イハノハ

可享用到採取不使用農藥的蔬菜和無添加物食材的盤餐午餐。也歡迎全家前來用餐，每日不同的馬芬蛋糕提供外帶。

☎076-222-0208 住金沢市新堅町3-98 ⏰11～17時 (週日、假日為10～18時) 休週六 P無 交巴士站香林坊步行8分 MAP P141D2

本日馬芬蛋糕盤餐 1180日圓
提供豐富的自然美味蔬菜。蔬菜製成的湯品也好喝。

餐廳內附設哺乳室

何不來一盤金澤風味的美妙炒飯

香林坊・片町・竪町 ● 1000日圓價位的心滿意足午餐

 炸蝦蛋包飯(ハントンライス)是在蛋包飯上擺放炸物的金澤獨特西式料理。名稱由來眾說紛紜。

絕佳品味的店鋪匯集一地
新竪町商店街的購物樂趣

道路旁搖曳的旗幟

追求流行的金澤年輕人所造訪的商店街，利用住宅改建而成的店鋪不斷增加中。
邊尋找優質的雜貨和服飾，邊和店員的閒聊交流也是一大樂趣。

懷上舊可愛風格的小店道不勝枚舉

過去因古董街而聞名的街道

1 kimono 畳世
きもの たたみぜ

這家店中充滿可愛的日本文化

店名的「畳世」在法語發音中有「大和風格」的意思。除了二手和服外，還有手工布花等和風小物，以及和服再利用的包包與服飾。也可作為咖啡廳，杏仁歐蕾400日圓很受歡迎。

☎076-263-2632
住 金沢市新竪町3-95 ⏰11~18時 休週二、三・另有不定休 🚌巴士站香林坊步行8分 P無
MAP P141D2

和服再利用的口金包5900~6900日圓

手工布花的胸花(大)2500日圓、(小)1980日圓、髮夾650日圓、帶留1950日圓、耳環1180日圓

在榻榻米的店內很放鬆

往竪町
竪町

新竪町商店街

1 kimono 畳世　　　　　3 antique VerMeer　　八百屋松田久直商店 2

往片町

2 八百屋松田久直商店
やおやまつだひさなおしょうてん

金澤自古生產的加賀蔬菜3500日圓~

傳承超過百年老字號的蔬果店

黑牆住宅搭配紅色門簾為店家特徵。店面除了販賣一般的蔬菜外，當然還有加賀蔬菜或餐廳用的罕見蔬果等新鮮蔬菜。無添加劑的自製果醬和醬料大獲好評。

☎076-231-5675 住金沢市新竪町3-104 ⏰8~18時 休週日、假日 🚌巴士站香林坊步行10分 P1輛
MAP 141D2

自製果醬280日圓~，受歡迎到會馬上賣完

當季蔬菜排滿狹小的店面。蔬菜外的精選商品也不容錯過

3 antique VerMeer
あんてぃーく ふぇるめーる

感受寄託於物品的故事古董藝品的魅力所在

主要販售從英國各地進口的古董品。玻璃杯、首飾和瓷器等價格合理商品也不在少數。和精通英國的店長聊天也是樂趣無窮。

☎076-224-0765 住金沢市新竪町3-102 ⏰11時30分~19時(週六、日、假日11時~) 休週三 🚌巴士站香林坊步行9分 P無 MAP P141D2

1920年代的摩賽克十字架(義大利製)18000日圓

1920年代的項鍊14000日圓。色彩鮮艷的玻璃珠大獲讚賞。

店內的珍奇商品非常多

4

たふた
taffeta

被溫暖人心的手工雜貨深深魅惑

販售同為刺繡作家的高店長的原創商品。此外，還提供店長自己喜愛的小物、服飾和食品等讓生活充滿樂趣的物品，讓店內化身為溫暖人心的空間。

☎076-224-3334 住金沢市新竪町3-115 ⓘ12〜19時 休週三、第2週二 交巴士站香林坊步行10分 P無 MAP P141E3

希望成為織起人與人之間關係的店鋪，而將寓意「紡織」取為店名

瑞典陶藝家Lisa Larson的獅子擺飾大15660日圓、小5940日圓

可愛花朵圖案的hanatama胸針各3780日圓

白樺樹皮製成的俄羅斯民藝品Bélesta1296日圓〜

phono

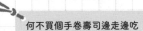

何不買個手卷壽司邊走邊吃

1978年創業的外帶壽司店ちくは壽し。有卷壽司和押壽司等約50種壽司。適合逛完新竪町後小吃解饞。受歡迎的美乃滋章魚壽司1條120日圓。

☎076-222-6034 MAP P141E3

5

ふぉの
phono

賦予二手家具嶄新的生命

主要販售北歐的二手家具，也有食器、雜貨和首飾等商品。保留使用過的感覺卻又細心修整後的家具，讓石川縣外的愛用者也不在少數。

☎076-261-5253 住金沢市新竪町3-45 ⓘ13〜19時(1〜2月為12〜18時) 休週三、四、五 交巴士站香林坊步行9分 P無 MAP P141E2

iihoshi yumlko的unjour系列，杯子3024日圓〜、杯碟1944日圓

KiKU P98

店內彷彿是家具的展示廳

BENLLYS AND JOB 7

taffeta 4

Parlour 6
KOFUKU

ちくは壽し P77

香林坊‧片町‧竪町 ● 新竪町商店街的購物樂趣

6

ぱーらーこふく
Parlour KOFUKU

能作為咖啡廳利用的可愛居酒屋

擁有眾多當地忠實顧客的小型居酒屋，最適合於白天飲酒利用。同時也能作為咖啡廳，當日甜點搭配咖啡或紅茶的パーラー套餐700日圓。17時過後則提供種類豐富的正餐料理。

☎076-221-7757 住金沢市新竪町3-118 ⓘ15〜22時LO 休週三、第2週二 交巴士站香林坊步行10分 P無 MAP P141E3

最適合想喝一杯時的コフク套餐1000日圓

據說建築用途原為理髮廳

7

べんりーずあんどじょぶ
BENLLYS AND JOB

獨具特色的商品應有盡有找尋自己的喜愛商品

獨家的皮革小物、文具、食器和雜貨等多采多姿的商品令人目不轉睛。提供客製化的手工皮革小物服務4000日圓〜。

☎076-234-5383 住金沢市新竪町3-16 ⓘ11〜19時 休週三、第2週二 交巴士站香林坊步行10分 P無 MAP P141E3

對應遠距開鎖的皮革鑰匙包5775日圓

印有店名LOGO的原創咖啡罐1050日圓

宛如玩具箱般樂趣無窮的店內

不妨到這裡走走！

香林坊・片町・竪町的推薦景點

🍴 蛇之目寿司 本店
じゃのめのずし ほんてん

堅持使用當地食材的金澤風壽司

昭和6年（1931）創業的老字號壽司店。食材主要使用當地漁貨，米飯則是石川縣產的越光米，醬油也是當地產，能品嘗到金澤風味的壽司。壽司8貫搭配味噌湯的特選握壽司套餐3000日圓很受歡迎。**DATA** ☎076-231-0093 🏠金沢市片町1-1-12 ⏰12～14時（週日、假日～14時30分）、17時30分～22時（週日、假日～21時30分）休週三 P無 🚌巴士站香林坊步行3分 **MAP**P138C3

🍴 旬のダイニング 十二の月
しゅんのだいにんぐ じゅうにのつき

活用蔬菜原味的創意和食

烤蔬菜的和風熱沾醬或加賀蔬菜天婦羅各680日圓等，單品500日圓～。日本料理宴席9樣4320日圓～。日式摩登的店內座位共70席，能愜意放鬆用餐。**DATA** ☎076-223-6969 🏠金沢市片町2-23-12中央Core大樓1F ⏰17～22時LO 休週日（逢連休則最終日休）P無 🚌巴士站片町步行2分 **MAP**P138B3

🍴 Bistro紙屋市べゑ
びすとろかみやいちべゑ

每日進貨的自製豆腐大獲好評

將125年歷史住宅改建為別具風情的建築，提供跨領域的創作料理的熱門和風餐廳。以手工豆腐最為知名，有自製厚油豆腐480日圓，能體驗撈起嫩豆皮的手作朧豆腐950日圓。大野醬油醃牛舌850日圓也值得推薦。**DATA** ☎076-262-6006 🏠金沢市片町1-8-21 ⏰18～22時30分LO 休週三 P無 🚌巴士站片町步行2分 **MAP**P138B4

🍵 FUMUROYA CAFÈ 香林坊大和店
ふむろやかふぇ こうりんぼうだいわてん

麩麩店推出的原創甜點

加賀麩的老字號店鋪不室屋的咖啡廳。可享用到使用生麩、豆漿和豆渣的養生甜點。塞滿生麩、豆乳冰淇淋和麩餅乾的不室屋聖代843日圓最為推薦。**DATA** ☎076-220-1452 🏠金沢市香林坊1-1-1香林坊大和5F ⏰10～18時30分LO 休週三不定休 P893輛（付費）🚌巴士站香林坊即到 **MAP**P138C2

🍴 野田屋茶店
のだやちゃてん

在茶鋪的茶飲間享用茶甜點

安政6年（1859）創業的老字號茶鋪。可於店內的茶飲間享用以抹茶或焙茶製成的原創甜點。抹茶霜淇淋和焙茶霜淇淋各280日圓，將抹茶完整磨成粉的茶香私家聖代（圖片）700日圓。使用嚴選抹茶的抹茶紅豆湯620日圓。**DATA** ☎076-221-0982 🏠金沢市竪町3 ⏰9時30分～19時 休無休 P無 🚌巴士站香林坊步行8分 **MAP**P138C4

🛍 輪島キリモト・金澤店
わじまきりもと・かなざわてん

選購具造型感的木製和漆製品

製作輪島塗的漆器木地、木製品、漆器和小物等的輪島キリモト金澤店。羅列眾多現代造型的原創商品。細膩工法的甜點筷2160日圓、優美流線型造型的和菓子刀5支5400日圓、薄壁的朴木酒器5400日圓等商品值得推薦。**DATA** ☎076-254-0058 🏠金沢市茨木町56-3鞍月舍C-1 ⏰11～18時 休週三 P無 🚌巴士站香林坊步行10分 **MAP**P141E2

🌙 在曖曖內含光的酒吧 吟味成熟大人的時光

即使是單身女性也能在風度翩翩的酒吧內，以愉悅的心情度過旅途中的一夜。

HIROSAKA HIGHBALL
ひろさかはいぼーる

餐點豐富的隨興酒吧

以蘇格蘭威士忌調配的廣坂高球酒840日圓。鰻魚醬提味的歐姆蛋840日圓等，餐點選項也豐富。**DATA** ☎076-265-7474 🏠金沢市柿木畠4-9村中村大樓2F ⏰18～24時 休無休 ¥餐桌費520日圓 P無 🚌巴士站香林坊步行5分 **MAP**P138C3

BARSPOON
ばーすぷーん

陶醉於名調酒師的技術

店長為知名調酒師。顧客年齡層廣泛的熱門酒吧。雞尾酒900日圓～。**DATA** ☎076-262-5514 🏠金沢市片町1-5-8斜陽大樓1F ⏰19～翌3時（週日、假日～翌2時）休週一 ¥餐桌費1500日圓 P無 🚌巴士站片町步行3分 **MAP**P138B4

Bar Cruise
ばー くるーず

調酒師夫婦的熱情款待

店長為連續8年參加調酒師協會全國大賽的實力者。雞尾酒800日圓～。**DATA** ☎076-264-9604 🏠金沢市片町1-11-14夢館II1F ⏰18～翌3時（週日、假日～翌2時）休週二 ¥餐桌費1000日圓 P無 🚌巴士站片町步行2分 **MAP**P138B4

當地居民無人不知的「金澤關東煮」究竟是什麼？

金澤的名產不勝枚舉，關東煮也是其中之一。
讓我們前往關東煮老店雲集的片町，瞭解美味的秘密。

金澤風格的關東煮食材在此

車麩
1個250日圓
咬下的瞬間，高湯立即擴散於口中。

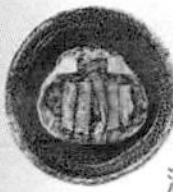

螃蟹面
時價
※時價。於11月6日～1月上旬提供
滿滿內外蟹黃的香箱螃蟹。

加賀蓮藕丸子
1盤300日圓
軟Q的丸子中帶有清脆口感的絕佳組合。

梅貝
1個330日圓
新鮮且富有嚼勁的貝類大受歡迎。

源助白蘿蔔
280日圓
加賀蔬菜的冬季代表。肉質軟嫩且形狀不易變形。

※關東煮選項以赤玉本店為例

觀光客和工作結束的當地居民來店而熱鬧非凡的赤玉本店

一年四季皆美味的金澤關東煮 大快朵頤極致美味的奢侈食材

金澤是全國屈指可數的關東煮城。想到金澤漫長且嚴峻的冬季，便能理解其關東煮店數量眾多的原因。歷史最久的店鋪於昭和初期創業，其中老店更是集中聚集於片町周邊。提到關東煮便令人聯想到冬天，但在金澤卻是一年四季皆能品嘗得到。原因在於，全年皆能收穫到豐富的山珍海味。最近開始提供番茄或加賀粗黃瓜等夏季關東煮的店家也逐漸增加。最值得矚目的金澤風格關東煮，便是從日本海捕撈的海鮮海菜，再搭配上加賀蔬菜而成。以昆布與海鮮等製成清爽的高湯熬煮出美味的關東煮，與當地居民或店員的談笑交流中品嘗關東煮吧。

向赤玉本店的女店長請教解惑

沒問題！
請盡量發問!!

佐津川江實子女士
女店長持續守護從昭和2年（1927）創業至今的老滋味。

Q 外地來的觀光客也沒關係嗎？
也有不少是一位單獨進店的女性顧客。有不懂的地方請無需顧慮盡量發問。

Q 因不同季節所推薦的關東煮是？
春季為竹筍和款冬等山菜，夏季則推薦搭配冷湯吃的夏季關東煮。秋季為加賀蓮藕和牡蠣，冬季則是當季的螃蟹和源助白蘿蔔。

Q 點餐順序有特別規定嗎？
首先可以點選麵麩或白蘿蔔品嘗湯頭的鮮味，但依自己的喜好順序點餐也無所謂。

來吧！讓我們在片町的關東煮店品嘗美味

おでんいざかや みゆき
おでん居酒屋 三幸

特徵是湯頭清爽但餘味久留。推薦的是梅貝300日圓～、車麩200日圓和加賀蔬菜的春菊400日圓。單點料理也種類豐富。
☎076-222-6117 住金沢市片町1-10-3 🕒17～24時 休週日、假日 交巴士站片町步行3分 P無 MAP P138B4

細長的店內構造醞釀輕鬆氛圍

あかだまほんてん
赤玉本店

以秘傳的高湯燉煮。夏季會推出爽口湯頭的夏季關東煮800日圓。
☎076-223-3330 住金沢市片町2-21-2 🕒12～23時30分LO(週六日、假日為12時30分～23時LO) 休週一(逢假日則營業) 交巴士站片町步行1分 P無 MAP P138B4

片町十字路口附近的老店

たかさご
高砂

在金澤少見的以醬油為湯頭基底的關東風味。夏季的咖哩關東煮大受好評。油炸豆腐350日圓等。
☎076-231-1018 住金沢市片町1-3-29 🕒16～22時30分LO 休週日、假日 交巴士站香林坊步行3分 P無 MAP P138C3

在別緻店內吃的關東煮別有滋味

是什麼樣的地方？

和東茶屋街相同於藩政時代後期作為茶屋街而被規劃出的區域。雖然在金澤三茶屋街中的規模最小，但觀光客較少，所以適合喜歡寧靜散步的人。除了有介紹茶屋文化的資料館外，周邊還有文豪室生犀星的養育之家與紀念館，不妨探訪參觀。

懷舊風的瓦斯燈極美！

茶屋的屋簷下。
饒富意境的屋號行燈

かなざわしにしちゃやしりょうかん
金澤市西茶屋資料館

將茶屋外觀重建的建築內，介紹和西茶屋街有淵源的大正期作家島田清次郎的相關資料。觀光志工常駐於此，偶爾能協助導覽附近景點。

☎076-247-8110 ¥免費入館 ⏰9時30分～17時 休無休 交巴士站広小路步行3分 P13輛(付費) MAP P81右上

にしりょうていくみあいじむしょ
西料亭組合事務所

擁有懷舊氛圍的特色建築為大正11年（1922）的建築。茶屋的組織事務所通稱為「檢番」。由於是藝妓們的學習場所，所以能聽見三味線的旋律。館內不對外開放參觀。

¥⏰休外觀自由參觀 交巴士站広小路步行3分 P無 MAP P81右上

從香林坊往橋的對岸

さいがわおおおはし
犀川大橋
架於被稱為男川的犀川之上。河床上綿延著與室生犀星相關的散步道

悠閒漫步於袖珍花街
西茶屋街
にしちゃやがい

西茶屋街是和「東」「主計町」齊名的金澤三茶屋街之一。約100公尺的道路兩旁，以格子為特徵的茶屋建築櫛比鱗次。小巧玲瓏，安寧靜謐的茶屋建築群。

access
●從香林坊出發　步行8分
●從金澤站出發
【北鐵巴士】
從兼六園口（東口）往有松的巴士，或從金澤港口（西口）往City Liner野町駅14分，於広小路下車

洽詢
☎076-232-5555
金澤市觀光協會
廣域MAP P140B2

～散步途中的推薦景點～

能聆聽珍貴的犀星本人朗讀

むろおさいせいきねんかん

室生犀星紀念館

展示室生犀星的信件與原稿等，介紹其生平和作品。能聆聽犀星作詞的校歌和犀星自身的詩詞朗讀音帶。

☎076-245-1108 ¥300日圓 ⏰9時30分～17時（入館～16時30分）休展示更換期間 交巴士站廣小路步行6分 P5輛

於犀川河畔住宅享用頂級法式料理

ら・ねねぐーす

LA NENE GOOSE

金澤首屈一指的法國料理店。改裝自民宅的懷舊風店內裝潢，品嘗活用食材的法式料理。午餐3200日圓～、晚餐6600日圓～。

☎076-243-6651 ⏰17時30分～21時30分（午餐限週六日）休週一、週日晚餐 交巴士站廣小路步行6分 P無

犀星文學的原點就在這裡

うほういん・むろおさいせいてんじしつ

雨寶院・室生犀星展示室

室生犀星童年時被認作養子的寺院，在此展示犀星的書信等。建築後方有犀星喜愛的犀川，作品中登場過的杏樹至今仍在。

☎076-241-5646 ¥參觀展示室300日圓 ⏰9～17時 休每月10日 交巴士站廣小路步行4分 P無

茶屋街女店主也常造訪

あまなっとうかわむら

甘納豆かわむら

甘納豆的專賣店。完全不摻防腐劑等添加物質，活用食材本身美味的甘納豆，販售種類固定超過15種。1袋260日圓～。包裝也很可愛。☎076-282-7000 ⏰9時30分～18時(週日、假日9時30分～17時) 休第1週二 交巴士站廣小路步行3分 P3輛

豆腐店的自製冰&霜淇淋

てづくりなかたにとうふ

手造り中谷とうふ

能品嘗到拌入絹豆腐製作的冰淇淋和豆腐味濃厚的霜淇淋（4～11月販賣）各350日圓。冰淇淋稍微融化時再攪拌是好吃的秘訣。

☎076-241-3983 ⏰10～18時 休週日不定休 交巴士站廣小路步行3分 P無

參觀風情萬種的茶屋

りょうてい はなのやど

料亭 華の宿

約有200年歷史的茶屋建築。用漆塗裝設的樓梯和走廊、群青之間和紅殼之間等，可參觀茶屋房間的艷麗裝潢構造。

☎076-242-8777 ¥附咖啡300日圓、附抹茶500日圓 ⏰9時30分～17時 休無休 交巴士站廣小路步行3分 P無

這裡也想去看看

だぶりゅーざか

W坂

有如W字形狀而得名的坡道。在井上靖的自傳小說中登場過。
☎076-232-5555
（金澤市觀光協會）MAP P141D4

ふしみじ

伏見寺

在金澤的地名由來傳說中出現過，和芋掘藤五郎相關的寺院。阿彌陀如來像為國家重要文物。
☎076-242-2825
MAP P140C3

くたにこうせんがま

九谷光仙窯

九谷燒的燒窯處。工廠參觀和塗色體驗1300日圓～（需預約，當日可）。
☎076-241-0902
MAP P140A3

📖 西茶屋街附近的寺町，是形成城下町時匯集寺院而成的城區之一。約有70座的寺院。

隨處暗藏出乎意料的機關暗室
妙立寺令人想一探究竟

參觀所需
45分
（需預約）

雖然是加賀藩前田家相關的地位尊崇寺院，但內部有如忍者住宅。
為了不迷路還是跟著導覽志工的腳步參觀。需事先電話預約才能入內。

※有許多條參拜路線。

みょうりゅうじ
妙立寺

那麼首先…
是這樣的寺院

加賀藩初代前田利家所建立的祈願所，於寬永20年（1643）時由3代利常遷建至現在地。為了欺瞞來襲的敵軍，內部為4階7層的複雜構造，共有29座樓梯。擁有忍者寺的奇異別名。

☎076-241-0888（需預約）🏠金沢市野町1-2-12 ¥1000日圓（幼兒不可參拜）🕘9〜16時30分（冬季〜16時）休舉辦法事時 交巴士站広小路步行3分 P利用極樂寺停車場35輛（付費）MAP P140B3

走過漫長歲月，歷經風霜的堅固結構

參拜開始

1

原以為是香油錢箱…

位於本堂入口，被埋沒嵌入於地板當中的香油錢箱，當初也被設計為能當作陷阱使用。

2

上方是秘密房間

藩主私下前來祈願時，據說從圖片中央的紙門房間參拜。

3

不要輕易就路過了！

打開本堂後方的拉門掀開地板時，會發現隱藏樓梯。拉門有著鑰匙的功能。

4

水井中也有機關

據說水井中有通往金澤城的通道。由於無人實際走過，所以真偽仍不明。

5

樓梯的盡頭是…

是僕人所住的狹小房間。深處的樓梯一直延續到「7」的陷阱。

6

天花板不覺得很低嗎？？

茶室「霞之間」。天花板設計得低是為了防止刀劍揮舞。還隱藏著前往最上層的樓梯。

7

這裡竟然也有陷阱！

移開木板後竟發現有兩個通往僕人房間的階梯。也被認為是逃跑道路或陷阱的機關。

8

出入口竟多達5個

「武者駐屯之間」是高天花板的寬敞房間。掛軸的後方有逃往別室的樓梯。

9

藩主所使用的豪華房間

歷代藩主所使用的最高規格房間。展示來自加賀藩前田家的物品和服飾。

10

重新再從外觀檢視

無法想像是擁有複雜構造的普通寺院外觀。屋頂的突出處為望樓（瞭望台）。

藉由美食瞭解當地的魅力之處
介紹金澤的美味料理

裝盛於時繪或陶瓷器皿的傳統加賀料理，
再搭配當地產酒，一同享用的新鮮日本海海鮮。
就讓我們在名間遊遍的高評價餐廳內，
實際感受當季山珍海味所交織出的金澤獨特飲食文化吧。

難能可貴的金澤之旅
就來享用憧憬的料亭豪華加賀料理

在作為加賀百萬石城下町而繁榮的金澤，有著繼承傳統和高規格的料亭。
房間的擺飾裝潢、器皿的挑選品味、以及無數的優美料理，無一不是幾近完美。

午餐膳食（楓）5940日圓
能以親民的價格享用到正宗的宴席料理。午餐限定的全餐。精心挑選的器皿更加襯托料理的美味。

近江町市場周邊
ことぶきや
壽屋

在獨樹一幟的町家空間內品嘗富季節感的高級料理

江戶末期、明治、大正、昭和與平成等5個時代的建築彼此共處的獨特建築。於大正10年（1921）創業，無論是獨到的技術所烹飪呈現的素食料理，或是從鄰近的近江町市場進貨，活用當季食材而成的宴席料理等，皆能在此品嘗得到。也別忘了留心注意優美的器皿。☎076-231-6245 住金沢市尾張町2-4-13 ⏰11時30分～14時、18～22時（入店～19時30分）休不定休 交巴士站武藏ヶ辻・近江町市場步行3分 P4輛 MAP P136B2

1 能眺望到庭園的四季之間是江戶末期的房間 2 傳統的民宅中帶有些許的摩登氛圍 3 打開玄關大門，迎接的是精雕細琢的典雅空間

◆標準預算
午餐1人4860日圓～（需預約）晚餐1人7560日圓～（需預約）

請壽屋指點迷津

加賀料理和其相關常識

究竟何謂加賀料理？

以塗上豪華蒔繪的漆器，或九谷燒等優美器皿裝盛的鄉土料理，被稱為加賀料理，是薈萃食材和傳統技術所集大成的加賀飲食文化。代表料理為治部煮等料理。

治部煮
將肉類與蔬菜以甜辣湯頭燉煮，再添加山葵而成。

唐蒸鯛魚
將鯛魚從背部剖開後放入豆渣，慶祝節日用的料理。

蕪菁壽司
將蕪菁和鰤魚片以麴醃製而成的冬季傳統料理。

午間宴席料理 16200日圓
午餐限定的宴席。除了加賀料理的代表治部煮外，還會陸續獻上開胃菜或季節小菜等一道道精心料理。

❶能感受到金澤首屈一指老字號風格的外觀 ❷眺望庭園，感受極致幸福

寺町周邊
つばじん
つば甚

受到明治文人的熱烈愛戴
享受老字號料亭的尊崇

於寶曆2年（1752）創業。伊藤博文和芥川龍之介等，衆多文人墨客曾造訪的金澤首屈一指的老字號料亭。以傳統廚藝琢磨嚴選食材而成的料理，一道道皆是由美凝聚而成的縮影。能俯瞰犀川溪流，四季繽紛的景觀格外迷人。

☎076-241-2181 ⌂金沢市寺町5-1-8 🕙11～14時、17～21時 ✖不定休 🚃巴士站広小路步行2分 🅿10輛 MAP P140C3

◆標準預算 午餐1人16200日圓～(需預約)晚餐1人 21600日圓～(需預約)

寺町周邊
すぎのい
杉の井

欣賞風雅庭園的同時
享受知名料亭的日式風情

位於犀川河畔，金澤代表性料亭之一。料理、食材、器皿和服務皆能感受到高品味格調。從明治末期的建築眺望用心維護的庭園也是一大享受。晚餐推薦有10道料理的「瀨音」5000日圓（含服務費、場地費），還會附上名產葛粉條。

☎076-243-2288 ⌂金沢市清川町3-11 🕙11時30分～14時LO、16時30分～20時LO ✖不定休 🚃巴士站片町步行5分 🅿20輛 MAP P140C3

◆標準預算 午餐1人5000日圓～(需預約)晚餐1人 12000日圓～(需預約)

❶和室面對精心修整的美麗庭園 ❷明治末期的建築，約有百年歷史

午間宴席料理 6500日圓（部分）
開胃菜、季節小菜和生魚片等9道料理組成的宴席料理。可另行加點加賀料理的治部煮或蒸鰤魚。

❧ 應該穿著何種服飾？
由於是旅途中的用餐，所以只要穿著不失宜，放鬆心情享用即可。但由於是榻榻米的和室，所以應避免赤腳進入用餐空間。

❧ 避免出現的行為是？
將筷子放於碗盤上被稱為「撿骨筷」而違反禮儀，所以必須將筷子置於筷架上。將手置於嘴邊盛接食物也是不被允許的。

❧ 碗蓋該如何擺放？
飯碗等的蓋子，如果在用完餐後重新蓋回，會顯得較為美觀。碗盤類無須重疊，保持原狀即可。

❧ 上菜時接過料理器皿時？
依據料理和季節的不同，所使用的器皿也獨具品味。品嘗美食前，不妨先用雙眼飽覽器皿之美。

前往提供蔬菜、麵麩等養生食材與超厲害創作料理的餐廳

肥沃平原所培育的新鮮蔬菜，和傳統食材麵麩等養生食材也不容錯過。
藉專業廚藝烹調迷人的食材，能品嘗包含日式到西式等五花八門的滋味。

蔬菜 × 日本料理

晚間全餐8000日圓（需預約）
開胃菜、烤魚等共9道料理。提供的季節小菜可能為香箱蒸鰤魚、加賀蔬菜、一本蔥和牡蠣的治部煮等。

除了吧檯座位8席外，還有1間和室座位房間

香林坊周邊
はとは

八十八

品嘗方式隨心所欲，驚艷的料理創意讓人感動

和簽約的農家進貨蔬菜，活用食材的原味並加以調理。除了提供常見的日式料理外，還有葛餡湯中加入烤芝麻豆腐的火鍋900日圓等豐富多樣的原創料理。就連甜點和七味粉也是手工製作，對於料理的熱忱令人佩服。

☎076-260-8166 ⓘ金沢市木倉町6-6 ⓘ18～23時LO ⓘ週日 ⓘ巴士站香林坊步行8分 ⓘ無 MAP P138B3

利用江戶時期的民宅建築改建而成

◆標準預算
晚餐1人6000日圓～

麵麩 × 日本料理

麩久箱膳 2592日圓
麩丸子、嫩麩壽司、鮮蝦煮、加入珠麩的玉子燒等，還附上治部煮和湯品。

倉庫牆壁有泥水匠所繪的屋號「ふ」令人印象深刻

近江町市場周邊
さりょうふむろや

茶寮不室屋

在老字號品嘗美妙的麵麩御膳

慶應元年（1865）創業的加賀麵麩老字號不室屋於昭和57年（1982）所開創的麵麩料理專賣店。改裝自倉庫的別緻店內空間，能享用到多采多姿的麵麩料理。飲茶時間有湯圓麩餡蜜810日圓等大受歡迎的甜點。

☎076-224-2886 ⓘ金沢市尾張町2-3-1 ⓘ11時30分～18時（用餐～14時）ⓘ週二 ⓘ巴士站武蔵ヶ辻・近江町市場步行3分 ⓘ無 MAP P136B2

倉庫改造的別具風格建築

◆標準預算
午餐1人2592日圓～（無需預約）

使用加賀蔬菜的
新感覺蜜菓子
造成話題

位於東茶屋街的菓菓 匠 奈加川販售
以加賀蔬菜為主，將當地蔬菜蜜醃
的菓子。源助白蘿蔔、五郎島金時、
加賀粗黃瓜等1箱各580日圓。
☎076-254-1158 MAP P137E4

金澤美食 ● 提供養生食材與超厲害創作料理的餐廳

蔬菜 × 法國料理

還設有大型的葡萄酒
儲酒櫃

**晚餐全餐
10800日圓～一例**
前方為使用巧克
力和地瓜的甜點。
中間為前菜的八
乙女豬法式肉醬。
後方為開胃菜。

片町
まきの
Makino

主廚的獨創料理綻放光芒
活用當地食材的珍饈美饌

能享用到在法國修業的主廚的獨創法
國料理。料理中大量使用直接前往農
家進貨的有機蔬菜和加賀蔬菜。

☎076-208-3318 住金沢市片町2-31-18
⏰11時30分～12時30分LO、18～19時30
分LO 休週三（週四不營業午餐）交巴士站片
町步行3分 P無 MAP P138A3

◆標準預算
午餐1人7360日圓～
（需預約）
晚餐1人11880日圓～
（需預約）

位於犀川河畔，沉
穩的氛圍

麵麩 × 日本料理

販售女店長的親手料
理

全餐3240日圓～
芝麻或魁蒿等4種
生麩、生麩炸田
樂、車麩鳥巢蛋
等，麵麩以千變萬
化的型態登場的
料理全餐。

東茶屋街周邊
みやた・すずあん
宮田・鈴庵

在眺望庭園的和式房間
享用麵麩全席午餐

加賀麩專賣店的直營餐廳。所有料理
皆為女店長親手製作。想讓人了解麵
麩美味之處而用心製作的溫柔口感。
群青牆壁的房間也不容錯過。

☎076-252-6262 住金沢市東山3-16-8 ⏰11
時30分～13時30分LO 休週一、最終週日
交JR金澤站搭乘城下町金澤周遊巴士右週5
分，小橋下車步行2分 P3輛 MAP P135F2

◆標準預算
午餐1人3240日圓～
（需預約）

鮮豔的群青牆壁
為金澤特有

藥草 × 創作料理

家庭般的開放式廚房

**百藥食膳
1400日圓**
放入魁蒿等藥草
的豆腐漢堡肉、土
鍋煮的糙米飯等，
重視養生的料理
齊聚一堂。

片町
ひゃくやくきっちん
百藥KITCHEN

用藥草讓身體
從內美麗到外

能享用到大量使用直接從生產者進貨
的有機蔬菜，或是據說對身體有益的
白山麓藥草的創作料理。

☎076-255-1893 住金沢市長町2-3-23-2
⏰11～14時30分LO、18～22時（晚餐限週
六日一、假日）休週二（假日需洽詢）有臨時
休業 交巴士站香林坊步行10分 P無
MAP P138A2

◆標準預算
午餐1人1400日圓～
晚餐1人2500日圓～

隱藏在住宅區
窄巷深處的私
房餐廳

加賀蔬菜中被認定為高品質的蔬菜會貼上黃色的加賀蔬菜標籤。在近江町市場尋找看看吧。

羅列新鮮活跳食材的各式各樣壽司
以經濟實惠的價格大快朵頤！

當季海鮮請 check 63頁

金澤瀕日本海，四季的海鮮豐富多樣，能享用到新鮮且大分量的美味壽司。
在此介紹高品質的迴轉壽司、或以3000日圓能享用到的吧檯壽司等熱門餐廳。

人氣No1

もりもり3樣壽司盤 1404日圓
能品嘗到黑鮪魚大腹肉、巨無霸牡丹蝦（附水煮蝦頭）、生海膽。

北陸5樣壽司盤 1080日圓
能品嘗到北陸代表食材喉黑、黑雜魚蝦、梅貝和白蝦等。

老客人的最愛

赤魷3樣壽司盤 356日圓
赤魷的身體、鰭肉和觸手可一次滿足，產地才吃得到的頂級新鮮。

本店最推薦

港口直送極度新鮮的豐富多樣3樣壽司拼盤

金澤站周邊
もりもりずし　かなざわえきまえてん
もりもり寿し 金澤站前店

每日早晨以能登為主，從周邊漁港直送的海鮮魚貨十分新鮮。壽司的醋、醬油和水等皆經過嚴格挑選。一盤壽司能吃到三種不同食材的3樣壽司拼盤，種類多元讓人吃得滿足開心。壽司選擇每日不同，能享用到當季食材。

☎076-265-3510 ⊞金沢市堀川新町3-1金澤Forus6F ⊙11〜22時LO ㊡無休 ⊗JR金澤站步行3分 ℗利用金澤Forus停車場461輛(付費) ⅯⱯⱣP134B1

餐廳位於金澤站前購物中心內

近江町市場
まわる　おうみちょういちばすし　ほんてん
廻る 近江町市場寿し 本店

食材的種類數量名列前茅。除了喉黑、牡丹蝦之外，店內隨時提供超過40種以上的選擇，當日的推薦壽司可從手寫板確認。為了讓顧客品嘗到最新鮮的滋味，所以採取點餐後現場製作的方式。☎076-261-9330 ⊞金沢市下近江町28-1 ⊙8時30分〜19時30分LO (週日、假日為8時〜) ㊡無休 ⊗巴士站武蔵ヶ辻・近江町市場步行3分 ℗利用近江町市場停車場250輛(付費) ⅯⱯⱣP58④

市場的超受歡迎餐廳以食材種類和鮮度為傲

人氣No1

豪華3樣壽司盤 1275日圓
富山灣產的白蝦、自傲的喉黑、還有珍貴的牡丹蝦等，一如其名超豪華！

老客人的最愛

喉黑 680日圓
幾乎所有顧客必點的一道。白肉魚國王喉黑的美味油脂不得不吃。

本店最推薦

黑雜魚蝦 680日圓
鮮度不夠便無法做成壽司的期間限定珍貴蝦類。

窗明几淨的店內。市場內還另有2間店鋪

竹葉散發著清爽香氣
何不品嘗當地的代表
壽司呢？

將流傳至加賀的祭壽司改良而成的竹葉壽司1個102日圓～，有紅鮭、小鯛和青花魚等3種。酸味恰到好處的醋飯搭配上清香竹葉味。請到芝壽し金澤百番街店品嘗。
☎076-261-4844 **MAP** P134A1

金澤站周邊
すしりゅう
寿し龍

以精準眼光挑選當地漁貨提供最好的食材

從近江町市場進貨新鮮的當季魚貨。共提供30～40種的食材。以當地食材為主的百萬石壽司10貫3800日圓、捲入黑鮪魚、蝦等7種食材的大名卷3240日圓也很受歡迎。

☎076-233-3411 住金沢市笠市町9-7 ⏰11時～24時 休週三(逢假日、假日前日則營業) 交JR金澤站東口步行7分 P10輛 **MAP** P135D1

除了吧檯座位外也有能放鬆的和式座位房間

上等拼盤1.5人份
3300日圓
突顯食材美味部分的大塊海鮮9貫壽司、細卷壽司2種的拼盤套餐

食材的搭配組合也是樂趣
沉醉於當季美味的名店

近江町市場周邊
だいくにずし
大國鮨

因「現吃現做」的理念而只設置吧檯座位。主廚精選梅全餐或竹全餐2160日圓(10貫+手卷)為精心安排的食材搭配，每2貫逐次上餐。

☎076-222-6211 住金沢市西町藪ノ內通31 ⏰11時～14時30分、17時～20時30分(週日、假日限午餐) 休不定休 交巴士站武藏ケ辻·近江町市場步行3分 P無 **MAP** P136A3

由於僅有吧檯座位10席，所以建議事前預約

主廚精選·梅全餐
3240日圓
喉黑、炙烤黑鮪魚等高級食材的12貫握壽司，另附手卷

主計町周邊
こうべえすし
幸兵衛寿司

海鮮滋味和壽司米很有餐廳獨到的風格

提供以當地海鮮為主的嚴選食材。壽司米用沸騰的昆布高湯所炊煮而成，再以地獄炊加上獨特的釀造醋，使米飯香Q飽滿，十分受到歡迎。

☎076-264-1553 住金沢市橋場町1-6 ⏰11時30分～13時30分LO、16時～22時LO(週六日、假日為11時30分～22時LO) 休週三 交巴士站橋場町步行2分 P6輛 **MAP** P137D3

優美木紋的吧檯座位，以及需脫鞋的和式座位

百萬石壽司 3800日圓
依當天進貨而定的握壽司和甜蝦等當季食材10貫。附湯品

迴轉壽司店不可或缺的履帶，石川縣製造的市占率是全國第一。隨著迴轉壽司的歡迎度，履帶也跟著大幅進化。

光顧金澤居民喜愛的海鮮居酒屋
享用當地產酒和美食佳餚吧

來到金澤便令人想品嘗活蹦亂跳的新鮮海鮮，以及暢飲當地產酒。
讓當地挑剔的老饕們也讚不絕口的熱門餐廳，勢必能讓味覺和感官都大受滿足。

▼ 搭配這款當地產酒
天狗舞の蔵出しミニタンク
1杯600日圓
由白山市的蔵元車多酒造直送。剛釀好的酒一般只能在酒窖喝到。

▼ 搭配這款當地產酒
宗玄純米吟醸
1合980日圓
位在奧能登・珠洲的宗玄酒造的酒。適合搭配日本海的海鮮料理。

▼ 搭配這款當地產酒
池月純米
1合900日圓
能登半島・中能登町的鳥屋酒造的酒。在嘴中擴散的酸味受到多數當地居民的喜愛。

徹底享受海鮮美味
永遠大排長龍的熱門餐廳

醉蟹2300日圓、鰤魚下巴1200日圓～、日本海桶裝生魚片小桶2人份2600日圓

最受歡迎的料理是用炭火爐燒燒的殘酷燒

生魚片5種拼盤M2800日圓、扇貝和牡蠣等的炭火爐燒烤套餐1880日圓

以新鮮海產和豐富當地產酒料理為傲的繁忙餐廳

炙烤喉黑2592日圓～（需預約）、焗烤蟹黃864日圓、糠漬青花魚1人份540日圓

香林坊周邊
いたる ほんてん
いたる 本店

常因當地老顧客和觀光客而高朋滿座，所以建議事先預約。別錯過將冬季限定的香箱螃蟹做成酒和調味料醃製而成的醉蟹等季節限定料理。
☎076-221-4194 ⓘ金沢市柿木畠3-8 ⏰17時30分～23時LO 休週日（逢週一為假日時則營業，改週一休）交巴士站香林坊步行5分 ⓟ無 MAP P138C3

◆標準預算 2人9000日圓

隔著吧檯和廚師的交流對談也樂趣無窮

片町
かわばたせんぎょてん
川端鮮魚店

專賣魚料理的餐廳。由於從石川縣內的漁港直接進貨當地海鮮，所以當天的進貨內容依天候而不同。因此有時海鮮的選擇不多，但新鮮度和便宜價格令人驚艷。
☎076-222-3757 ⓘ金沢市片町2-2-20 ⏰17時～海鮮售完為止 休氣象不佳日 交巴士站片町步行2分 ⓟ無 MAP P138B3

◆標準預算 2人7000日圓

有如港口城鎮般的氣氛，熱鬧喧囂

金澤站周邊
じざかな・じざけ くろや
地魚・地酒 くろ屋

想品嘗當季美食就要來這間受到當地無比信賴的餐廳。每日早晨從能登或富山港口直送的新鮮海產，以及使用加賀蔬菜等當地食材的創作料理大受歡迎。☎076-262-0940 ⓘ金沢市本町2-6-24 ⏰17～23時LO 休週日（逢週一為假日時則營業，改週一休）交JR金澤站步行5分 ⓟ無 MAP P134B3

◆標準預算 2人9000日圓

1樓為吧檯座位10席，2樓為桌椅座位

融入當地氣氛盡情歡樂！

用廚藝和創意活用食材

居酒屋割烹 笑宿的主廚是名廚道場六三郎的愛徒。除了味道無可挑剔，料理使用的器皿也別出心裁。生魚片2人份1620日圓。

☎076-260-6336 MAP P140C1

▼搭配這款當地產酒

谷泉 純米 1合800日圓
たにいずみ
大慶純米 1合800日圓
たいけい
除了石川縣外幾乎找不到的能登產酒。鶴野酒造店的谷泉和櫻田酒造的大慶。

堅持嚴選能登的食材 家族經營的放鬆小店

生魚片拼盤2人份2700日圓、在地香箱螃蟹1300日圓～

▼搭配這款當地產酒

農口純米
のぐち
1合1030日圓～
全國都有追隨者的有名釀酒師，冠上自己名字的酒曾造成轟動話題。

享用豐富風味的當季美食

鹽燒喉黑2500日圓～、生魚片拼盤2420日圓、石燒河豚白子1890日圓

▼搭配這款當地產酒

手取川吟釀
てどりがわ
生酒あらばしり 830日圓
ゆうほ
遊穗 870日圓
白山市的吉田酒造店的手取川和能登的御祖酒造的遊穗。

將上等食材精心烹調的料理 自豪的壽司廣受好評

石燒鱈魚白子1850日圓、壽司拼盤1940日圓～、鹽燒喉黑2500日圓～等

金澤站周邊

あじらく ゆめり
味楽 ゆめり

店主出身地的能登町宇出津港直送的海鮮、能登豬和珠洲鹽等，主要提供嚴選的能登食材。販售幾乎在外地買不到的能登當地產酒。

☎076-255-3999 住金沢市本町1-3-33
⏰18～22時30分LO 休週日（逢連休則隔終日休）交JR金澤站步行5分 P2輛
MAP P134C3

◆標準預算 2人9000日圓

在地酒一字排開。不妨與店長討教飲酒知識

片町

かなざわ おくや
金澤 おくや

活用日本海鮮、加賀蔬菜和能登牛等當地嚴選食材的料理大獲好評。還有加賀蔬菜和醃青花魚的熱沾醬1250日圓等結合日洋的餐點。

☎076-254-5610 住金沢市片町2-31-27
⏰18～24時LO 休週日 交巴士站片町步行7分 P無 MAP P138A3

◆標準預算 2人13000日圓

設有2～8名的桌椅座位包廂（需預約）

片町

すしいざかや だいだい
寿し居酒屋 だいだい

除了新鮮保證外，還有廚藝嫻熟的廚師將高品質的在地海鮮和蔬菜烹製成美味料理。壽司也值得一嘗。

☎076-234-3344 住金沢市片町2-23-18
片町フロンティアビル1F ⏰17時30分～翌1時
LO（週日、假日～23時LO）休週日（逢週一為假日時則營業，改週一休）交巴士站片町步行2分 P無 MAP P138B4

◆標準預算 2人12000日圓

鮮魚一字排開，彷彿壽司店的吧檯座位

📖 具代表性的釀酒集團──杜氏集團其中的「能登杜氏」，就起源於能登。以農閒期的副業為肇始，現今活躍於日本全國的釀酒酒窖。

金澤之旅越夜越美麗
今晚在格調民家小酌微醺

旅途中的夜晚如果就這麼度過真是可惜，令人想稍微遠離日常的平庸塵囂。
何不在民宅改建的別緻空間內，杯觥交錯把酒暢談度過漫漫長夜呢？

ばー すいれん
BAR 粹蓮

從東茶屋街主要街道進入，改建自茶屋有著沉穩氛圍的酒吧。能輕鬆品嘗到當季水果的雞尾酒、洋酒和麥芽威士忌。2樓空間為茶屋，所以不時能從宴席會場聽到三味線的旋律傳來。

☎076-253-0112 住金沢市東山1-14-12 ¥18時起餐桌費700日圓 ⏰12～翌1時30分LO 休無休 交巴士站橋場町步行4分 P無 MAP P137E4

◆標準預算 2人4000日圓～

度過風情萬種的茶屋街中
在風情萬種沉穩的時光

行燈的溫柔光線

**強力推薦！
晚間甜點**

**巧克力起司蛋糕
700日圓**
濃厚巧克力味道的烤起司蛋糕

❶行燈照映於格子上，心情跟著放鬆下來 ❷摩登造型的店內除了吧檯座位外還有改造自倉庫的桌椅座位

左為擺上五郎島金時的起司仙貝650日圓、豬肉和雞肝的肉醬600日圓、洋梨雞尾酒1200日圓

まちやだいにんぐあぐり
町屋ダイニングあぐり

店內空間舒適所以也受到金澤居民的愛戴。可在1樓吧檯悠閒獨酌，或是在2樓的寬敞空間享受町家氣氛。另設有能眺望箱庭的包廂。自傲的料理為堅持使用當季食材的炭火燒和釜飯。當地產酒等酒類也種類豐富。

☎076-255-0770 住金沢市長町1-6-11 ⏰17～24時 休週一 交巴士站南町・尾山神社步行5分 P無 MAP P138B1

◆標準預算 2人7000日圓～

大正時期誕生的絕品空間
盡情享用美酒與料理

以葫蘆為象徵

**強力推薦！
晚間甜點**

加泰隆尼亞布蕾和香草冰淇淋 500日圓
冰過的布蕾口感堪稱一絕！

炭火烤黑豬肉三種拼盤1380日圓、鮭魚和鮭魚卵的親子釜飯1080日圓。手取川あらばしり1合700日圓

❶葫蘆的光窗為改建前就存在的 ❷華燈初上時浮現夢幻般的剪影

在改建民宅餐廳和酒一起享用正宗宴席料理

主計町茶屋街附近的御料理 貴船內可在品酒間享用到美味的宴席料理。僅提供主廚特選午間全餐3240日圓～、晚餐6780日圓～。由於午晚餐各限定4組（需預約）、所以動作要快。
☎076-220-6131 MAP P136C1

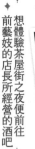

想體驗茶屋街之夜便前往前藝妓的店長所經營的酒吧

成熟別緻的店內空間

放鬆舒適的1樓吧檯座位

起司拼盤2300日圓（1種600日圓～）、加賀蔬菜沙拉950日圓。葡萄酒1杯950日圓～

東茶屋街
てりは
照葉

位於東茶屋街深處的寧靜別緻小館，有不少名人客群支持。暢飲葡萄酒或日本酒的同時，也能享受和藝妓出身的女店長的閒談樂趣。

☎076-253-3791 住金沢市東山1-24-7 ￥夜間餐桌費1000日圓 ⏰12～14時30分、18時30分～23時LO 休週日、假日（逢連休則最終日休）、午餐限週六日、假日 交巴士站橋場町步行4分 P無 MAP P137F4

◆標準預算 2人6000日圓～

橄欖油燉蝦950日圓、甜蝦高湯的玉子燒750日圓等。空海原創吟釀生酒1100日圓

窗外可見淺野川

改裝自大正期建築的高格調店內

主計町茶屋街
いざかや くうかい
居酒屋 空海

老顧客總是絡繹不絕以料理自傲的熱門餐廳

改裝自明治19年（1886）所建的茶屋。單點料理460日圓起物美價廉，創意料理的選擇也多。居酒屋般的愜意氛圍讓人心情愉悅。由於是熱門餐廳所以建議事前預約。

☎076-261-9112 住金沢市主計町3-10 ￥餐桌費450日圓 ⏰18～翌1時（週日、假日～24時）休週四 交巴士站橋場町步行2分 P無 MAP P137D2

◆標準預算 2人6000日圓～

近江町市場周邊
とらど
TORRADO

利用昭和初期所建的前證券公司建築。使用倉庫門的大門、一整片木頭的吧檯等，將古典與摩登巧妙融合的空間魅力無窮。請盡情品嘗將近江町市場進貨的當季食材製作而成的料理。

☎076-263-3169 住金沢市十間町1-2 ⏰午餐11時30分～14時30分LO、晚餐18～22時LO 休週日 交巴士站武藏ヶ辻・近江町市場步行10分 P無 MAP P136B3

◆標準預算 2人7000日圓～

和風摩登的氛圍與義大利料理可謂絕配

店內裝潢充滿玩心

2樓的牆壁為金澤風格的群青壁

蝦殼的起司風度鍋1人1份1290日圓（2人份起），飯店特色酒1杯640日圓

口碑memo

餐點與甜點都讓人 時髦咖啡廳引人注目

外觀不起眼但擁有獨特品味的優質咖啡廳不斷增加中。最適合休憩小歇或享用午餐。

紐約咖啡廳的氛圍完整呈現

長町武家宅邸遺跡周邊
かふぇ だんぼ
CAFE DUMBO

以店長夫婦的回憶之地紐約為咖啡廳的主題。無論是店內空間或甜點，皆有獨到的品味堅持。

☎076-255-6966 住金沢市香林坊2-11-6 時9時30分～18時LO 休週二（不定休）交巴士站香林坊步行5分 P無 MAP P138B1

被粉紅色所誘惑吸引

妝點奶油起司的巧克力甜菜蛋糕490日圓。咖啡400日圓

為了愛書者所開設的二手書店 & 咖啡廳

東茶屋街周邊
あうんどう
あうん堂

北歐風裝潢的店內約擁有3000本的二手書。女店長的手工甜點大獲好評。

☎076-251-7335 住金沢市東山3-11-8 時10時30分～19時 休週二三四、1月和6月有約2週的店休 交巴士站橋場町步行3分 P2台 MAP P137D1

書本形狀的餅乾好可愛

二三味綜合咖啡400日圓、巧克力蛋糕400日圓

家具、食器和料理皆能感受到北歐風格

西茶屋街周邊
くっぴ
KUPPI

販賣北歐古董雜貨的商店&咖啡廳。北歐紅茶十分受歡迎。

☎076-241-3043 住金沢市野町1-1-5/パレス桜通り1F 時11～17時30分（週六日、逢假日前營業）休週三（逢假日則營業）交巴士站片町步行5分 P無 MAP P140C2

享受北歐風的下午茶

肉桂卷300日圓、北歐紅茶500日圓

被溫柔的氣息所包圍度過餘裕自在的時光

主計町茶屋街周邊
にわとこ
ニワトコ

改裝自昭和初期長屋的開放寬敞空間。推薦15時開賣的自製鬆餅。

☎076-222-2470 住金沢市尾張町1-9-7-1 時11時30分～17時（午餐11時30分～15時）休週四 交巴士站尾張町步行3分 P無 MAP P136C2

滿富滋味的溫柔口感

當週午餐1000日圓受到當地居民的好評

何不讓我們尋找
富有故事性的別緻伴手禮呢？

發揮專業工匠技藝的傳統工藝品和優美的和菓子。

花費人力和時間所孕育的物品當中隱藏著各個故事，

每件物品都惹人憐愛，值得長久珍藏。

讓每件商品都成為金澤之旅的美好回憶吧。

好想指名購買
Made in Kanazawa的逸品

傳統技術再加上時髦的感性，金澤誕生的工藝品受到各界矚目。
專業工匠嘔心瀝血所製作的每一件逸品，最適合作為旅行的伴手禮。

受到公主們喜愛的
優美細膩手毬

手毬從上開始為櫻花24300日圓、澤瀉紋菊花8100日圓、雙菊花6480日圓

↙這個也好想要

用顏色鮮豔的絹線一針針所縫的頂針1個8100日圓～。也可作為首飾◎

香林坊周邊

かがてまり まりや
加賀てまり 毬屋

加賀手毬和頂針的專售店。手毬為珠姬嫁入將軍家時所攜帶的物品，據說爾後流傳於城下町。店內製作、販賣從十二菊圖案等傳統圖案，到自創圖案等各式種類。參考細密的設計圖，將細線無數層重疊縫製而成。

☎076-231-7660 🏠金沢市南町5-7 🕐9時30分～18時 🚫週二三 🚌巴士站南町・尾山神社步行2分 🅿無
MAP P138C1

小出孝子小姐
向婆婆學習手毬製作技術而成為創作家。製作的同時也會舉辦手毬教室。

販售五顏六色的手毬和頂針

主計町茶屋街周邊

ちとせみずひき
千と世水引

水引繩結的起源可追溯到遣隋使時代。身兼工坊的店鋪中販賣用水引繩結的原創小物。值得矚目的是使用極上絹卷的水引和手漉和紙的金封，可愛造型和惹人憐愛的配色令人印象深刻。香袋的吊飾也十分推薦。

☎076-221-0278 🏠金沢市尾張町1-9-26 🕐9時30分～17時(週六、假日為10～16時) 🚫週日(逢連休、假日需洽詢) 🚌巴士站橋場町步行2分 🅿1輛 MAP P137D2

讓人感受真心誠意
玲瓏可愛的水引繩結

佇立於小路的高雅店鋪外觀

↙這個也好想要

水引繩結的小巾着袋散發出典雅的淡香。迷你香囊1個2592日圓

方便使用的原創金封，從左起為花型1404日圓、雙梅花1296日圓、蝴蝶1404日圓

岡本昌子小姐
被水引繩結的美所吸引後，在京都學習技法。堅持溫柔配色的水引繩結。

從左起是毛針和鳥羽的耳環4960日圓、珠雞頸鍊4320日圓、翠鳥耳環6480日圓

使用加賀毛針的清純可愛首飾

近江町市場周邊
めぼそはちろうべえしょうてん
目細八郎兵衛商店

目細八郎兵衛商店是金澤最早販售針的老字號。活用江戶時代武士釣香魚而誕生的加賀毛針技法,製作、販售現代摩登的首飾。量身訂做為4000日圓~。

☎076-231-6371 ㊐金沢市安江町11-35 ㊐9時30分~17時30分 ㊡週二(逢假日則營業) ㊋巴士站武藏ヶ辻・近江町市場步行4分 ㊊3輛 MAP P136A1

杉野末侑小姐
工作資歷6年。不僅著手於製作飾品還負責設計。

於2015年8月翻修後重新開幕

近江町市場周邊
いわもときよししょうてん
岩本清商店

將轆轤塑形的桐木表面燒烤後,添上蒔繪而成的火鉢是金澤從古製作的物品。創業約100年的金澤桐工藝的老字號直營店,提供符合當今生活的各式各樣桐工藝品。最受歡迎的是小巧托盤,有無圖案1620日圓和蒔繪圖案4320日圓等選擇。

☎076-231-5421 ㊐金沢市瓢箪町3-2 ㊐10~18時30分 ㊡週二 ㊋巴士站明成小学校前即到 ㊊無 MAP P135E2

放置什麼都顯得可愛的小巧玲瓏托盤

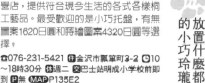

小巧蒔繪托盤4320日圓,蒔繪圖案有多種選擇
※不含器皿

表情逗趣的長頸鹿張子(小)2160日圓、大象(小)2160日圓

厭世表情很療癒的張子玩偶

內田健介先生
神奈川縣出身。從公司職員轉行成金澤桐工藝的工匠。

提出桐工藝品的嶄新使用方法

近江町市場周邊
なかしまめんや
中島めんや

延續150多年的鄉土玩具店。店名之所以被稱為めんや,是因為創業者製作村莊戲曲面具的緣故。店內販賣金澤自古以來喜愛的加賀人偶、十二生肖或動物形狀的張子人偶等懷舊又可愛的玩具。

☎076-232-1818 ㊐金沢市尾張町2-3-12 ㊐9~18時 ㊡週二(逢假日則營業) ㊋巴士站武藏ヶ辻・近江町市場步行2分 ㊊無 MAP P136B2

森村幸二先生
工匠資歷約50年的老手。但仍積極挑戰創造嶄新的設計。

可愛的玩具齊聚一堂

 在中島めんや能進行加賀八幡不倒翁的著色體驗(所需30分~,432日圓,需預約)。

在極品藝廊尋找採買
難能可貴的時尚工藝商品

何不拜訪選貨品味獨到的手工藝品店鋪呢？
在此尋找除具備高機能性，還能妝點日常生活的精選珍品。

從中間順時針起，大迫友紀的小盤各1728日圓、玻璃杯4320日圓、山中漆器湯碗(小)3024日圓、若狹塗的筷子1080日圓

(上圖)銀製項鍊10584日圓、銀製蝴蝶耳環4644日圓，(下圖)戒指左銀製16200日圓、右金製10萬8000日圓

從左後方起，久手川利之的萬用茶杯3240日圓、有腳筷架1620日圓，右後方起山本恭代的縞更紗茶杯3780日圓、八星型小碟1944日圓等

金澤21世紀美術館周邊
せいかつざっか らいん
生活雜貨 LINE

販售妝點日常生活的商品

從大片落地窗灑落陽光的店內空間，主要販售和生活息息相關的精選物品，以及北陸創作家等的作品。

☎076-231-1135 住金沢市広坂1-1-50 2F ⏰11～19時(12～2月為～18時) 休週三、第3週日 交巴士站香林坊步行2分 P無 MAP P138C3

新竪町
きく
KiKU

陶醉於細膩的首飾飾品

改裝自古民家的店內空間，展示著璀璨美麗的銀製與金製飾品。店內商品完全是由店長和員工手工製作。設計出眾的餐具也很受歡迎。

☎076-223-2319 住金沢市新竪町3-37 ⏰11～20時 休週三 交巴士站香林坊步行9分 P無 MAP P141E3

長町武家宅邸遺跡周邊
くらふとあんどぎゃらりぃ おくら
くらふと&ぎゃらりぃ OKURA

倉庫中盡是方便好用的器具

一如店名，此處為改建戰前的民宅倉庫而成的藝廊。店內販賣眾多縣內創作家的陶瓷器、玻璃製品和漆器等經濟實惠的商品。

☎076-263-3062 住金沢市香林坊2-10-6 ⏰11～17時 休週二(逢假日則營業) 交巴士站香林坊步行5分 P1輛 MAP P138B1

讓生活充滿樂趣的
藝術性商品應有盡有
CRAFT A

位於百貨公司Meitetsu M'za 5樓的
手工藝品店。販售陶漆器、玻璃製品
與和紙等石川縣工藝作家作品，以
及全日本各地的嚴選商品。
☎076-260-2495 (MAP)P135D4

色彩繽紛的可愛杯裝針插2484日圓~，擁
有超過400年的歷史，方便實用而著名的目
細針490日圓

金沢21世紀美術館周邊
かなざわ・くらふとひろさか
金沢・クラフト広坂

宣揚金澤的稀少傳統工藝

金沢21世紀美術館一旁的金澤傳統
工藝特產直銷商店。展示及販售加
賀縣與加賀毛針等稀少工藝品、新
銳作家的作品。

☎076-265-3320 (住)金沢市広坂1-2-25
金澤能樂美術館內 (時)10~18時 (休)週一(逢
假日則營業) (交)巴士站広坂・21世紀美術館
步行5分 (P)無 (MAP)P139D3

（上圖）燕子5寸盤2700日圓、燕子筷架648
日圓、燕子蕎麥茶碗2160日圓，（下圖）由良
園的大型杯30240日圓

近江町市場周邊
しょっぷ あるとら
Shop artra

販賣藝術感的個性獨特商品

以「生活中的藝術」「與美的事物
共同生活」為主題的選貨藝術商
店。販售縣內活躍的陶藝、金工、
玻璃等年輕作家的作品。

☎ 076-231-6698 (住)金沢市下堤町7アル
トラビル2F (時)10~18時 (休)週日 (交)巴士站武
蔵分辻・近江町市場步行2分 (P)4輛
(MAP)P136A3

從右前方起，岩本商店的桐杯墊1080日圓、
堂上澄子的杯子2300日圓、factory
zoomer的玻璃杯4725日圓等

近江町市場周邊
こらぼん
collabon

陳列於溫暖空間內的雜貨和器具

位在金澤最古老商店街的金澤表參
道上，古民家販售眾多溫暖人心的
雜貨和器皿。大多為活躍於金澤的
作家作品。另設有能歇息放鬆的咖
啡廳空間。

☎076-265-6273 (住)金沢市安江町1-14
(時)11~20時 (休)週二四 (交)巴士站武蔵分辻・近
江町市場步行3分 (P)無 (MAP)P136A1

工藝盛行的金澤積極地養成新作家。當地的金澤美術工藝大學和金澤卯辰山工藝工坊出身的作家們活躍中。

五顏六色的小巧藝術
妍麗的和菓子非買不可

從古至今茶道盛行的金澤，是和京都與松江齊名的日本和菓子代表聖地。
將可以感受到加賀百萬石美學意識的細膩可愛和菓子帶回家吧。

※●為「あんと」（P18），▲為「黑門小路」（P103）購買得到。

金澤的人氣角色
不倒翁化身最中

可愛櫥櫃裝的是顏色漂
亮的落雁

加賀八幡起上もなか
7個入1016日圓 ●▲

排列於箱中往上望的不倒翁逗趣可愛。
以加賀八幡不倒翁為造型的最中，內餡
是小倉紅豆。
🛍 金沢うら田

わびタンス
小 972日圓 ●

打開條紋圖案櫃子所見的是
高雅的落雁。可愛造型緊緊
揪住少女的心。
🛍 落雁 諸江屋

小巧扇子上繪有
典雅的花鳥風月

うちわせんべい
8片入918日圓 ●

宛如工藝品的糖沾仙貝。以
滑順的口感和甜味為特徵。
🛍 加藤晧陽堂

可愛的造型讓人
捨不得享用

かいちん　**小箱1512日圓** ●

具透明感的優美淡雅寒天菓子。
「かいちん」在金澤是彈仔標的意
思。
🛍 石川屋本舖

La・KuGaN
12粒入432日圓 ●▲

梅花形狀的可可味落雁。
和三盆的甜味與可可的微
苦取得完美平衡。
🛍 落雁 諸江屋

和咖啡十分搭配
有如西點般的落雁

色彩繽紛的
可愛立方體

直徑長達15公分！
純樸的烙印可愛迷人

もりの音
972日圓 ●

寒天的干菓子。口味有抹茶、藍莓等
共4種。形狀顏色十分可愛。
🛍 茶菓工房たろう 鬼川店 →P67

焼きまん
大702日圓、小378日圓 ●▲

金澤的代表物被烙印於大型的
酒饅頭上。Q彈的外皮加熱後更
加美味。
🛍 越山甘清堂

圓形的最中內餡是
五顏六色的果凍

童話的包裝
懷舊又可愛

オトギクヅユ 1個162日圓 ●
只要注入熱水，便能立即享用濃稠香
甜的葛粉湯。內附童話中出現的浮種。
🏠 落雁 諸江屋

紙ふうせん
かみ
16個入1296日圓 ●
圓形的最中內餡是黑砂糖、檸檬等
味道的果凍。附贈5色的摺紙。
🏠 菓匠 髙木屋

生薑的香氣撲鼻而來
適中的甜度受到歡迎

しょうが餅 8個入486日圓 ●
もち
生薑風味的求肥，灑上和三盆糖的菓
子。圓形的包裝盒也讓人喜愛。
🏠 柴舟小出

以菓子表現優美的
加賀友禪

友禅ころも
ゆうぜん
5個入918日圓 ●▲
羽二重餅中包入紅色的味
噌餡，再添上金箔的菓子。
甜度恰到好處。
🏠 菓匠 まつ井

圓滾滾可愛形
狀的最中

くるみ 9個入778日圓 ●▲
一口大的最中內放入自製內
餡和核桃。高級的甜味和日
本茶十分搭配。
🏠 清香室町

金澤的必買伴手禮
男女老幼皆喜愛的味道

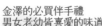

撩動少女心的包裝
讓人目不轉睛

きんつば
5個入843日圓 ●▲
金鍔為當地居民也深愛的熱銷商品。
使用嚴選的大納言紅豆，以高級甜味
為特徵。 🏠 中田屋

黒豆しょこら
くろまめ
80g入972日圓 (秋〜春販賣) ●▲
將黑豆做成甜納豆，再用巧克力包覆。
也有貓熊和貓味的包裝。
🏠 まめや金澤萬久

閃閃發亮的透明感宛
如玻璃藝品

用力撐擠而成的
金澤傳統糖果

わり氷★ 1個173日圓 ●▲
ごおり
外脆內濕潤的口感，是將寒
天細心乾燥後製成的菓子。
🏠 和菓子村上

あめ工房
こうぼう
240g入1674日圓 ●
將米和麥做成的粗粒糖以獨家
的製法製作完成。味道有白
糖、黃豆粉和抹茶等3種。
🏠 あめの俵屋 (🗺MAP P135F2)

📖ℹ️ 石川縣民十分熱愛菓子，和洋菓子的年度消費量為日本第一，巧克力也是第一名(2012～2014年統計)。

好想外帶回家的
金澤美味家常菜

被大海群山環繞的金澤擁有豐富的食材資源，就連家常便飯也有品質的堅持。
將從傳統飲食文化孕育而生的金澤美食帶回飯店，持續享受旅途的餘韻！
※●為「あんと」，▲為「黑門小路」購買得到。

只要注入熱水便能
享用的香氣四溢湯品

ふやきおしる
たからのふおすまし
麩燒御汁　●▲
寶貴的麵麩湯品

將麩燒皮穿洞後注入
熱水，顏色鮮豔的食
材便會從裡頭滿溢而
出，就此享用美味湯
品。

1個 184日圓

加賀麩 不室屋

新鮮的醃漬蔬菜
口感彷彿在享用
沙拉！

かなざわびくろす
金澤醃漬蔬菜 ●

將6種蔬菜以獨家的
調味醋醃製而成的爽
口漬物。新鮮蔬菜才
有的爽脆感是最大特
徵。色彩也賞心悅
目。

120g 入432日圓

しじまやほんぽ
四十萬谷本舖

飯後來一杯芳香
的棒茶吧

かがいろは てとらしりーず
加賀伊呂波　●▲
三角錐茶包系列

董三角錐茶包是烘焙
首摘的上等茶莖而成
的風味豐沛棒茶。
KUTANISEAL設計的
茶罐也可愛迷人。

かがぼうちゃ まるはちせいちゃじょう
加賀棒茶 丸八製茶場

2g×10個入1罐972日圓

能逐次少量品嘗
3種不同的佃煮

ひとりひとり
一人一人　●▲

山椒小魚、磯核桃和
魚之花等3種小分量
的佃煮組合販售。使
用嚴選食材的正統口
感，請務必嘗試。

かなざわのあじ つくだのつくに
金沢の味 佃の佃煮

3種（合計80g）入507日圓

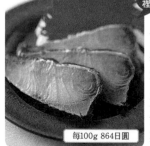

表面是香氣四溢的燒烤味
裡頭卻入口即化

ぶりのたたき ●▲
烤鰤魚生肉片●▲

將頂級的鰤魚表面細
心地炙烤，濃縮美味
而成的料理。可直接
沾芥末醬油或柚子醋
食用，做成義式生魚
薄片也行。

每100g 864日圓

逸味 潮屋

十分下飯的
深厚滋味

ふぐのこぬかづけ
糠漬河豚卵 ●

只能在石川縣生產的
珍味中的珍味。將河
豚的卵巢醃漬2～3
年，也很適合作為下
酒菜。稍微烤過也好
吃。

每100g 850日圓

かなざわほくちん こうのしょう
金澤北珍 肴の匠

「黑門小路」是這樣的地方

由百貨公司所開設能享受餅乾糖果、工藝品等購物樂趣的選貨店。所在地前往市內觀光景點也很方便。

☎076-260-2195　住金沢市武蔵町
🕙10〜19時30分　休不定休　交巴士站武蔵ヶ辻・近江町市場即到
P指定停車場(付費)　MAP P135D4

百貨商店、Meitetsu M'za的1樓

● 金澤百番街あんと☞P18

提味料理的珍貴萬能調味料

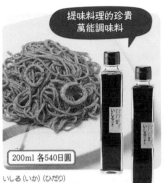

200ml 各540日圓

いしる (花枝) (左) ●▲
いしる(いか)(ひだり)

いしる (沙丁魚) (右) ●▲
いしる(いわし)(みぎ)

發酵海鮮而製成的魚醬。最適合作為火鍋、燉煮料理和義大利麵的提味調味料。

逸味 潮屋
いつみ うしおや

ごはんとともこ。

ごはんと友子。 ●▲

將金城漬的白蘿蔔、茄子、黃瓜和生薑剁細,做成方便食用的商品。無論是直接搭配白飯享用,或是做成茶泡飯和炒飯都合適。

四十萬谷本舗

很適合搭配白飯,還有其他多種吃法

85g 594日圓

金澤的傳統滋味甜辣味的杜父魚佃煮

100g 864日圓

ごくじょうごり

極上杜父魚 ●▲

使用國產的天然原料,不使用添加物的甜辣味佃煮。將新鮮的杜父魚以活魚狀態料理後,沒有溪魚的獨特腥味,滋味爽口。

金沢の味 佃の佃煮
かなざわ あじ つくだ つくだに

石川縣風味絕佳的美酒

❶鹿野酒造「KISS of FIRE」720ml 4104日圓 ▲
　　　　　キス オブ ファイヤー

❷福光屋 純米吟釀原酒「金澤」 720ml 1620日圓 ●▲
　　　　　かなざわ

❸中村酒造 大吟釀「加賀宝生」 720ml 3240日圓 ●
　　　　　か が ほうしょう

❹小掘酒造 萬歳楽「加賀梅酒」 720ml 1594日圓 ▲

❺やちや酒造「加賀的紅頰草莓酒(利口酒)」 300ml 1620日圓 ●

▲ 用等候電車的空檔放鬆片刻 ▲

在能品嘗到日本酒的吧檯小酌一杯

位於金澤站內的金澤百番街『あんと』,其酒類販賣區有另設能品嘗日本酒的空間。由於提供下酒菜,所以有如在酒吧享用日本酒的氣氛。喝過覺得喜歡的酒能在一旁的酒區購買。

金沢地酒蔵
☎076-260-3739
MAP P134A1

和店員的談笑樂趣無窮

當日的試飲3名酒 華(金澤套酒)864日圓

📖 為了度過食物匱乏的寒冬,雪國金澤的傳統料理大多為使用米糠和醬油的保久食品。

將百萬先生的商品帶回家吧

石川縣北陸新幹線開業的吉祥物，百萬先生化身為商品隆重登場。商品種類豐富多樣，絕對不能錯過。

簡樸的設計中隱藏著金澤風格

かがわしさいしき（ぽちぶくろ／しおり）
加賀和紙彩紙記（小袋／書籤）

樸素質感的二俣和紙上，描繪著吉祥物的百萬先生和金澤風格的主題圖案。

製造商:中央メディアプロ

香林坊大和6F金沢遊工坊
☎076-220-1111(代表號)
MAP P138C2

3張1套 各540日圓 | 在這裡販賣

好想將喜歡的圖案隨身攜帶

ひゃくまんくりあふぁいる
百萬先生資料夾

金澤風格的吉祥象徵物搭配百萬先生的資料夾。包含A6尺寸在內共2種。

製造商:笠間製本印刷

金澤百萬街 袋もんや木倉や
☎076-260-3791
MAP P134A1

1張 各324日圓 | 在這裡販賣

W7系的北陸新幹線插畫和百萬先生聯名合作

じゆうちょう
自由筆記本

繪有百萬先生和北陸新幹線、兼六園、茶屋街等金澤觀光景點插圖的筆記本。

製造商:大樹

金澤百番街 袋もんや木倉や
☎076-260-3791
MAP P134A1

1本 378日圓 | 在這裡販賣

使用散發檜木香味的木杯暢飲日本酒

ひゃくまんいちごうきます
百萬先生一合木杯

ふくまさね ひゃくまんカップ がくさけ・うまくち
福正宗 百萬先生杯酒 辛口・旨口

能輕鬆享用到純米酒的杯酒，標籤上印著百萬先生。一合木杯也可考慮購買。

製造商:福光屋

金澤百番街 金沢地酒蔵☞P103
MAP P134A1

杯酒:200ml 各292日圓
木杯:1個 410日圓 | 在這裡販賣

甜蝦和越光米的香氣更襯托美味

あまえびせんべい
甜蝦仙貝

自家栽種的越光米和甜蝦鮮味所結合的仙貝。每片包裝袋上皆繪有「百萬先生」的圖案。

金澤百番街「あんと」
（ぶった農産）
☎076-256-0177
MAP P134A1

1袋6片入 486日圓 | 在這裡販賣

加入蜂蜜的餅皮和內餡天生絕配

どらやきごろうじまきんとき
銅鑼燒五郎島金時

どらやきのとだいなごん
銅鑼燒能登大納言

餅皮加入當地養蜂場的蜂蜜，內餡則使用五郎島金時地瓜和大納言紅豆。

製造商:みつばちの詩工房

みつばちの詩工房 かなざわはこまち店 ☎076-223-8383
MAP P135D4

1個 各216日圓 | 在這裡販賣

在地咖哩的包裝也有百萬先生

みつとくや かなざわかれー（れとるとかれー）
三德屋 金澤咖哩（微波包裝咖哩）

濃厚的咖哩滋味是金澤咖哩的最大特徵，吃過一次便會上癮。把繪有百萬先生圖案的包裝帶回家吧。

製造商:三德屋

わらじ屋 本店 ☎076-223-5008 MAP P138A2

1個 540日圓 | 在這裡販賣

金澤傳統糖料製成的寓心滋味令人愉悅

ひゃくまんさんもちーうーのぼうきゃんでー
百萬先生圖案的棒棒糖

將自家農場的米和麥經過糖化，使用古早製法製作的「米糖」。米糖獨特的色澤味道很符合百萬先生的圖案。

製造商:たなつや
☞P62

1支 200日圓 | 在這裡販賣

前往能悠閒放鬆的地方
找尋最適合自己的歇腳之處

想從早到晚徹底享受金澤的觀光之旅，
在挑選能讓人放鬆休憩的飯店時也絲毫不得妥協馬虎。
在此介紹包括能放鬆身心的日式旅館，
以及設備齊全的優質飯店等的出色旅宿。

讓城下町金澤的住宿更加特別
在出色旅館度過的休憩片刻

選擇飯店時，推薦入住符合加賀百萬石的城下町——金澤風格的旅館。
旅館當中還隱藏著能療癒旅途疲累的小貼心服務和物品喔。

金澤站周邊

りょうりりょかんかなざわちゃや
料理旅館金沢茶屋

日本首屈一指知名飯店集團加賀屋所開設的旅館，用心誠意的服務款待，以及能品嘗到加賀、能登當季料理而大獲好評。因將食材的美味發揮到極限，而抓住不少忠實客戶。客房全為和式房間，可在榻榻米隨興伸展身體。

☎076-231-2225 住金沢市本町2-17-21
交JR金澤站步行3分 P8輛 MAP P134B2
●全18間(和式18間) ●2016年9月改裝
●內湯2 無露天 無包租

飯店小巧思

彩色浴衣
僅提供給女性住宿者的彩色浴衣。

享受知名旅館僅有的高級服務款待

CHECK
÷1泊2食費用÷
平日·假日前日皆為
33480日圓～
÷時間÷
🕐IN15時、OUT10時

1 由於位在遠離鬧區之處，周遭靜謐寧靜能好好放鬆歇息 2 堅持以當季食材，以豪華料理為傲 3 距離金澤車站極近，所以適合作為觀光的據點

寺町周邊

ゆうやるるさいさい
由屋るる犀々

原木的地板梁柱，以及加賀傳統的朱色和群青牆壁的房間饒富風情。附露天溫泉的舒適套房價格也親民合理。使用大量海鮮和蔬菜等當地食材的早晚餐料理更是廣受好評。

☎076-280-5333 住金沢市清川町7-1 交金澤周遊巴士(左回路線)桜橋步行5分 P15輛 MAP P141E4 ●全15間(和式2間、和洋式13間) ●2008年4月改裝 ●內湯2(有房間溫泉)無露天 無包租

飯店小巧思

房間內的和菓子
享用金澤知名菓子，茶菓工房たろう的「地之香」稍作歇息。

位於犀川沿岸滿溢和式風情的旅館

CHECK
÷1泊附早餐費用÷
平日11000日圓～
假日前日13500日圓～
÷時間÷
🕐IN15時、OUT11時

1 附露天溫泉的房間1泊附早餐16800日圓～ 2 家庭般親切味道的早餐獲得高度評價 3 位於能享受大自然的犀川沿岸

主計町茶屋街 ゆ 🏠 (※一人住宿僅限平日)
きづやりょかん

木津屋旅館

昭和18年（1943）改裝茶屋後隆重開幕。位於主計町茶屋街，眼前可見淺野川的溪流。黃昏時分華燈初上，周遭彷彿化身花街，被沉穩寂靜的氣息所圍繞。春季有淺野川沿岸的成排櫻花，夏季則是欣賞友禪和燈籠流的貴賓席。

☎076-221-3388 🏠金沢市主計町3-8 🚌巴士站橋場町步行1分 🅿13輛 MAP P137D2 ●全14間(和式13間、和洋式1間) ●2008年8月部分改裝 ●內湯2 無露天 無包租

和主計町茶屋街一同刻劃歷史的純和風旅館

1 朱塗牆壁能感受得到歷史
2 在女性用的溫泉徹底放鬆 3 3層樓的純和風旅館

CHECK
÷1泊純住宿費用÷
平日4860日圓～
假日前5400日圓～
÷時間÷
🕐IN15時、OUT10時

飯店小巧思

四季的插花擺飾
館內所見之處皆有當季的美麗插花擺飾。

近江町市場周邊 🍴 💻
りょうていりょかんあさだや

料亭旅館浅田屋

慶應3年（1867）創業的數寄屋造旅館。玄關處的瀧水、石板路和石燈籠等是數寄屋造建築的特徵。房間為設有庭園的4間和室。晚餐享用使用當季山珍海味的加賀宴席料理，同時能欣賞金澤蒔繪和九谷燒等用餐器皿。

☎076-231-2228 🏠金沢市十間町23 🚌巴士站武蔵ヶ辻・近江町市場步行3分 🅿3輛 MAP P136B3 ●4間(和式4間) ●1977年開幕 ●內湯1 無露天 有包租

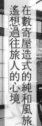
在數寄屋造式的純和風旅館遙想過往旅人的心境

1 徹底享受金澤風情的客廳 2 檀用四季不同食材的宴席料理 3 穿過瀧水後的玄關進入優美的旅館

CHECK
÷1泊2食費用÷
平日46440日圓～
假日前49680日圓～
÷時間÷
🕐IN14時、OUT11時

飯店小巧思

抵達旅館時的款待
會向住宿客獻上金澤風格的上生菓子和抹茶。

兼六園周邊 🈺(全部關閉) 💻 🏠
かめりあいんゆきつばき

CAMELLIA INN雪椿

進入和式的木造大門後，內部卻是古典摩登的西洋建築。將擁有石倉庫的百年民宅改建而成，瀰漫著大正浪漫的氛圍。早餐提供女老闆的手工豆腐香腸和蓮藕義式麵疙瘩。晚餐4320日圓（需預約）也提供自行點餐。

☎076-223-5725 🏠金沢市小将町4-17 🚌巴士站兼六園下步行3分 🅿5輛 MAP P139F2 ●全6間(洋式6間) ●2010年6月部分改裝 ●無內湯 無露天 無包租

和式與洋式的完美融合 寧靜的成熟氣氛飯店

1 簡單色調的洋式房間裝潢各異其趣 2 石倉庫大廳於冬季時會點燃暖爐 3 城下町般的和風外觀

CHECK
÷1泊附早餐費用÷
平日9720日圓～
假日前11340日圓～
÷時間÷
🕐IN15時、OUT10時

飯店小巧思

迎賓廳
共有3座提供免費飲料的迎賓廳，能悠閒放鬆地度過時光。

當觀光據點很方便的
金澤飯店

想讓觀光的交通移動更加方便，推薦選擇金澤站前或市中心的飯店。飯店的設備服務也恰如其分。

金澤站周邊
えーえぬえーくらうんぷらざほてるかなざわ
金澤ANA皇冠廣場飯店

徹底享受奢華風的高級飯店
JR金澤站兼六園口（東口）旁的商務旅館。為了一夜好眠而提供的精油和衛浴用品等多樣服務，讓女性顧客心滿意足。大廳和房間的設計瀰漫著華感，全館提供免費Wi-Fi。**DATA** ☎076-224-6111 🏠金沢市昭和町16-3 🚃JR金澤站步行1分 🅿59輛（1500日圓）MAP P134B2 ¥單人房12000日圓～、雙床房23000日圓～（需洽詢）🕐IN14時 OUT11時 ●全249間（洋式249間）●2008年9月改裝

金澤站周邊
ほてるにっこうかなざわ
金澤日航飯店

全客房皆為17樓以上的寬闊視野
除了單人房和雙人房外，還有充滿高級感的STYLISH和LuxeStyle等豐富多樣的房間。由於所有房間皆位於17樓以上，所以能一覽金澤的街景和夜景。有日式及洋式2種自助式早餐，讓人度過充實的早晨時光。**DATA** ☎076-234-1111 🏠金沢市本町2-15-1 🚃JR金澤站步行3分 🅿450輛 MAP P134B2 ¥需洽詢（變動價）🕐IN14時 OUT12時 ●全254間（洋式254間）●2015年3月上旬144間改裝

金澤站周邊
ほてるかなざわ
金澤飯店

房間和床鋪皆舒適寬敞
從金澤站即可到達，觀光或商務兩相宜。全部房間使用140cm寬的大床，浴室也寬敞令人放鬆。最高層的Lounge可將金澤市區一覽無遺，俯瞰金澤站的夜景更是一絕。**DATA** ☎076-223-1111 🏠金沢市堀川新町1-1 🚃JR金澤站步行1分 🅿100輛（1泊500日圓）MAP P134B1 ¥單人房14000日圓～、雙床房26000日圓～ 🕐IN13時 OUT11時 ●全159間 ●2008年5月開幕

金澤站站內
うぃあいんかなざわ
VIA INN金澤

車站剪票口出站即到的飯店
位於JR金澤站內，交通十分便利。能享受在金澤百番街的美食與購物。連續住宿超過2晚時，只要選擇不打掃房間的「ECO連泊方案」，就能以更低廉的價格住宿。大廳提供免費的電腦使用。**DATA** ☎076-222-5489 🏠金沢市木ノ新保町1-1 🚃直通JR金澤站 🅿400輛（1泊800日圓）MAP P134A1 ¥單人房8000日圓～、雙床房15000日圓～ 🕐IN15時 OUT10時 ●全206間（洋式206間）●2015年4月重新開幕

金澤站周邊
だいわろいねっとほてるかなざわ
Daiwa Roy0net Hotel金澤

獲得女性顧客好評的服務豐富多樣
女性員工所規劃的女性限定房間，設置了負離子臉部蒸氣機和腳部按摩機等嚴選的美容商品。飯店獨家的免費咖啡也令人開心。全部房間附設LAN網路。**DATA** ☎076-224-7755 🏠金沢市堀川新町2-20 🚃JR金澤站步行2分 🅿44輛（1泊1000日圓）MAP P134B1 ¥單人房7800日圓、雙床房15600日圓～ 🕐IN14時 OUT11時 ●全208間（洋式208間）●2012年2月部分改裝

金澤站周邊
てんねんおんせんかがのゆうせんどーみーいんかなざわ
天然溫泉加賀的涌番Dormy Inn金澤

以溫泉為傲的設計感飯店
最上層的天然溫泉大浴場廣受好評的設計感飯店。房間、大廳和大浴場皆有藝術品裝飾。免費提供的夜鳴拉麵（21時30分～23時）令人開心。Wi-Fi免費。**DATA** ☎076-263-9888 🏠金沢市堀川新町2-25 🚃JR金澤站步行2分 🅿74輛（1泊1000日圓）MAP P134B1 ¥單人房6990日圓～、雙床房（1人）7995日圓～ 🕐IN15時 OUT11時 ●全303室間（洋式303間）●2006年11月開幕

金澤站周邊
かなざわまんてんほてるえきまえ
Kanazawa Manten Hotel Ekimae

露天感的大浴場有如浸泡溫泉
附設按摩椅的好萊塢雙床房、提供豐富衛浴用品的女性專用房間皆廣受好評。想泡澡時可前往附香草噴霧桑拿的大浴場和露天浴池。1樓的電腦可免費使用。**DATA** ☎076-265-0100 🏠金沢市北安江1-6-1 🚃JR金澤站步行5分 🅿134輛（1泊1030日圓）MAP P132C1 ¥單人房7000日圓～、雙床房13700日圓～ 🕐IN14時 OUT10時 ●全509間（洋式509間）●2011年12月改裝

金澤站周邊 🚭ゆ🚻♨

ほてるるーといんかなざわえきまえ

Hotel Route Inn金澤站前

心滿意足於鐳泉質的展望溫泉

免費的自助式早餐大受歡迎。最上層（14樓）的展望大浴場可浸泡於人工的鐳泉質溫泉。全部房間備有免費的加濕空氣清淨機、LAN網路和Wi-Fi。

DATA ☎076-232-3111 🏠金沢市昭和町22-5 🚃JR金澤站步行5分 🅿166輛(1泊500日圓) MAP P134A3 💴單人房6200日圓～、雙床房11100日圓～ 🕐IN15時 OUT10時 ●全294間(洋式294間) ●2006年10月開幕

金澤站周邊 🚭📺♨

ほてるまいすていずぷれみあかなざわ

HOTEL MYSTAYS PREMIER 金澤

保留歷史風情的療癒空間

重視和街景的協調，設有榻榻米房間等引進日式風情的房間裝潢。商務飯店罕見地所有房間皆有30㎡的寬敞空間，令人能徹底放鬆。飯店設有健身房和讀書室等免費的共用設施。

DATA ☎076-290-5255 🏠金沢市廣坂2-13-5 🚃JR金澤站步行5分 🅿50輛(付費1泊1000日圓) MAP P132B1 💴單人房10000日圓～、雙床房12000日圓～ 🕐IN15時 OUT11時 ●全244間 ●2014年11月開幕

金澤站周邊 🚭ゆ📺♨

かなざわ さいのにわほてる

金澤彩之庭飯店

接觸金澤繽紛四季的飯店

設置能感受四季的4座庭園的全新飯店。全部房間皆寬敞舒適。使用加賀蔬菜等當地嚴選食材的早餐、引用白山水系流水的湯屋、傳統工藝作品的展示等，讓人徹底體驗金澤風格。

DATA ☎076-235-3128 🏠金沢市長田2-4-8 🚃JR金澤站步行15分(有金澤發車的接駁巴士) 🅿20輛 MAP P132A1 💴單人利用14040日圓～、雙床房12840日圓～ 🕐IN14時 OUT11時 ●64間(和洋式24間、洋室40間) ●2015年3月開幕

近江町市場周邊 🚭📺♨

えーえぬえーほりでい・いんかなざわすかい

金澤天空ANA假日酒店

金澤風格的日式感覺房間

採用日式格調的沉穩氛圍裝潢，可依個人需求選擇高級或豪華客房。全部房間設有高速網路連線和無線LAN。可眺望金澤街景的餐廳和酒吧也極受歡迎。

DATA ☎076-233-2233 🏠金沢市武藏町15-1 🚃巴士站武藏ヶ辻·近江町市場步行1分 🅿620輛(付費) MAP P135D4 💴單人房8000日圓～、雙床房14000日圓～(變動價) 🕐IN14時 OUT11時 ●101間 ●2014年3月全館改裝重新開幕

近江町市場周邊 🚭📺♨

ほてるりそるとりにてぃかなざわ

HOTEL RESOL TRINITY KANAZAWA

環境清潔的女性適居飯店

隨處可見金澤傳統文化的別緻飯店。全部房間設有加濕空氣清淨機，感受到飯店的用心之處。附設充足的衛浴用品和萬全保安設施的女性專用房間很受歡迎。全館可使用免費Wi-Fi。

DATA ☎076-221-9269 🏠金沢市武藏町1-18 🚃巴士站武藏ヶ辻近江町市場步行2分 🅿6輛(1泊1000日圓) MAP P136A3 💴單人房14000日圓～、雙床房25000日圓～ 🕐IN14時 OUT11時 ●全123間(洋式121間、和洋式2間) ●2009年1月開幕

香林坊 🚭📺♨

とうよこいんかなざわけんろくえんこうりんぼう

東橫INN金澤兼六園香林坊

提供免費的早餐服務

位於繁華鬧鬧區，無論觀光或用餐皆交通便利。提供飯糰、稀飯和麵包等迷你自助式的「手工健康早餐」可免費享用。另外準備有女性用的衛浴用品。全部房間皆有LAN網路。

DATA ☎076-232-1045 🏠金沢市香林坊2-4-28 🚃巴士站香林坊步行即到 🅿120輛(1泊500日圓) MAP P138B1 💴單人房5724日圓～、雙床房8964日圓～ 🕐IN16時 OUT10時 ●全422間(洋式422間) ●2007年10月開幕

香林坊周邊 🚭📺♨

ほてるとらすてぃかなざわこうりんぼう

金澤香林坊Trusty飯店

感受加賀傳統的摩登飯店

位於繁華鬧鬧區香林坊的絕佳地點，前往觀光景點的交通亦十分方便。加入金澤風格的日式格調房間，沉穩色調醞釀出成熟氛圍。在浴缸和淋浴間分開設置的房間內，能在浴缸自由伸展身體，或是不須顧慮浴簾盡興沖澡。

DATA ☎076-203-8111 🏠金沢市香林坊1-2-16 🚃巴士站香林坊步行即到 🅿42輛 MAP P138C2 💴單人房14000日圓～、雙床房26500日圓～ 🕐IN15時 OUT11時 ●全207間 ●2013年6月開幕

香林坊 🚭🍴📺♨

かなざわとうきゅうほてる

金澤東急飯店

主要觀光景點皆步行可到

兼六園和21世紀美術館等主要的觀光景點皆步行可到。適合女性顧客的豐富多樣住宿方案也不容錯過。13～15樓設置了著華樓層，同時引進了保安系統。飯店客房備有多種房型。

DATA ☎076-231-2411 🏠金沢市香林坊2-1-1 🚃巴士站香林坊步行1分 🅿200台輛(1泊17～翌10時1200日圓) MAP P138B2 💴單人房22572日圓～、雙床房30888日圓～ 🕐IN14時 OUT11時 ●全232間(洋式232間) ●2014年10月全面改裝

2天1夜之旅以半島頂端祿剛埼燈塔為目標前進吧

✚能登半島

能登半島完整保留被稱為日本原風景的景觀和文化，同時被認證為世界農業遺產。恬靜的山巒莊園與壯闊的海岸景觀等變化多端的地形，及能登蓋飯等當地美食皆樂趣無窮。想環繞廣袤的半島需要2天1夜的時間。

● 能登兜風 ☞ P120

【access】
前往輪島，從JR金澤站搭乘北鐵奧能登巴士輪島特急2小時，輪島駅前（道の駅輪島ふらっと訪夢）下車。
前往和倉溫泉，從JR金澤站搭乘七尾線特急1小時，和倉溫泉站下車後，搭乘北鐵能登巴士往和倉溫泉5分，和倉温泉バスターミナル下車。

位於可從金澤當日來回的範圍內住宿一晚享受溫泉樂趣也是可行◎

✚加賀溫泉鄉

擁有4座代表北陸知名溫泉的加賀溫泉鄉。九谷燒的故鄉山代溫泉、欣賞溪谷之美的山中溫泉、位在柴山潟湖畔能眺望白山的片山津溫泉，還有北陸最古老的粟津溫泉等，獨具特色的多樣溫泉聚集一地。

● 山代溫泉 ☞ P112
● 山中溫泉 ☞ P116

【access】
從JR金澤站搭乘北陸本線特急30分，加賀溫泉站下車。
從加賀溫泉站搭乘加賀溫泉巴士溫泉山中線往山代溫泉12分，往山中溫泉30分。
※金澤有1天1班的加賀溫泉巴士「溫泉特急」。往山代溫泉西口1小時22分，往山中溫泉1小時33分。

約112km
特急巴士
2小時

輪島　白米千枚田

能登半島

見附島

能登機場
（能登里山機場）

能登機場IC

九十九湾

想痩斷崖

能登金剛
巖門

能登島

和倉溫泉

和倉IC

氣多大社

七尾IC

約72km
鐵道（特急）
1小時

千里IC
千里浜渚
海濱公路

氷見北IC

高岡

北陸新幹線

往直江津
往親不知

0　　　10km

N

內灘IC

富山

往猿不知

金沢西　金澤

福光

富山機場
（富山Kitokito機場）

富山縣

東海北陸自動車道

約60km
鐵路（特急）+巴士
45分

小松

小松機場

石川縣

片山津溫泉

加賀

山代溫泉

粟津溫泉

加賀溫泉鄉

東尋坊

山中溫泉

約5km
巴士30分

JR北陸本線

福井縣

福井　大本山永平寺

往敦賀　往越前大野　往郡上八幡

祿剛埼燈塔

重點提示

🚌 利用觀光巴士也是可考慮的方案之一

從金澤出發，前往輪島和千里浜渚海濱公路等能登觀光景點的定期觀光巴士「輪島號」。還有以加賀溫泉站為起點，前往山代、山中、片山津的溫泉地和加賀觀光景點的周遊巴士「CAN BUS」。

☞「輪島號」P127
☞「CAN BUS」P127

🚗 能登的觀光選擇自駕遊最為方便

能登的火車和巴士班數都極為稀少，想更有效率地觀光則建議租車自駕。小松機場、能登機場和金澤站附近設有各式租車公司的受理窗口。和機票或JR車票同時購買時常有優惠，不妨事先確認。

☞ P129

難能可貴的旅行
金澤觀光的翌日稍微走遠一些

往北走是寬闊舒暢大海景觀的魅力能登半島，
往南則是石川縣首屈一指的溫泉勝地，加賀溫泉鄉。
在這裡能體驗到與北陸小京都的金澤迥然不同的風情，
何不就此展開另一趟的驚奇之旅呢？

魯山人所深愛的九谷燒故鄉
悠閒漫步於山代溫泉吧

開湯1300年的溫泉地，因是藝術家北大路魯山人學習九谷燒的地點而聲名大噪。
造訪九谷燒店鋪和魯山人草庵後，最推薦前往古總湯泡湯放鬆身心。

1透過彩色玻璃照射而進的七彩光線如夢似幻 **2**柿葺（薄木板）屋頂引人注目

●交通指南
從JR加賀溫泉站，搭乘加賀溫泉巴士溫泉山中線往山代溫泉東口11分，往山代溫泉12分，往山代溫泉西口14分，往山代溫泉南口15分
治詢 山代溫泉觀光協會☎0761-77-1144
廣域圖 隨身地圖背面B8

加賀山代溫泉古總湯
かがやましろおんせんこそうゆ

懷舊風帶來新鮮感的山代象徵

山代溫泉的第2座總湯。彩色玻璃的明亮窗戶和九谷燒的磁磚是重現明治時代的總湯。禁止使用肥皂等用品。

☎0761-76-0144 住加賀市山代溫泉18-128 ¥500日圓（總湯共通券700日圓）⏰6~22時 休第4週三，6月6日的6~12時 交巴士站山代溫泉步行4分 P100輛 MAPP112⑥

●湯快リゾート
山代溫泉 彩朝楽
P.115

山代中橋

島屋

山代溫泉西口

往山中溫泉→

山代郵局

專光寺

そば山背

P.115 星野集團 界 加賀

たちばな四季亭

魯山人寓居遺址
伊呂波草庵 ⑤

薬王院
溫泉寺

服部神社

加賀山代溫泉總湯

⑥ 加賀山代溫泉古
④ はづちを茶店

葉渡
P.1

山代溫泉瑞祥
古總湯

べにや無何有 P.1

あらや滔々庵

魯山人寓居遺址
伊呂波草庵
ろさんじんぐうきょあといろはそうあん

跟隨不世出藝術家的足跡

原為旅館的別莊，北大路魯山人將此地作為居住地兼創作工坊。除了重現作業場所的樣貌外，還設有展示空間。

☎0761-77-7111 住加賀市山代溫泉18-5 ¥500日圓 ⏰9~17時（入館~16時30分）休週三 交巴士站山代溫泉步行6分 P有 MAPP112⑤

重現魯山人雕刻旅館招牌一景

はづちを茶店
はづちをちゃみせ

用在地器皿品嘗當地食材

使用九谷燒和山中塗等在地器皿，享用堅持使用當地食材的輕食與甜點。鮮奶油湯圓紅豆湯750日圓等極受歡迎。

☎0761-77-8270 住加賀市山代溫泉18-59-1 ⏰9時30分~18時（11~2月為~17時）休週三（逢假日則營業）交巴士站山代溫泉步行3分 P3輛 MAPP112④

散步的重點提示

所需半天

溫泉街範圍不大。以巴士站山代溫泉為中心,參觀景點幾乎分布於步行可到的範圍。散步結束時於總湯或古總湯享受泡湯樂趣。

- 巴士站 **山代溫泉** ▶ 步行2分 ▶
- ❶ **九谷燒窯元須田菁華** ▶ 步行2分 ▶
- ❷ **うつわ藏** ▶ 步行1分 ▶
- ❸ **九谷燒體驗ギャラリーCoCo** ▶ 步行1分 ▶
- ❹ **はづちを茶店** ▶ 步行3分 ▶
- ❺ **魯山人寓居遺址伊呂波草庵** ▶ 步行2分 ▶
- ❻ **加賀山代溫泉古總湯** ▶ 步行3分 ▶
- 巴士站 **山代溫泉**

稍微走遠一些 ● 加賀溫泉鄉╱漫步於山代溫泉

かがやましろおんせんそうゆ
加賀山代溫泉總湯

在寬敞的浴缸中悠閒泡湯

這裡可以使用肥皂

明亮且寬敞開放的總湯,可眺望庭園的浴缸共有2種。營業時間和公休日與古總湯相同。

☎0761-76-0144 (MAP)P112A1
¥440日圓

うつわぐら
うつわ蔵

購買嶄露頭角的在地作家產品

改裝自明治時代的倉庫,沉穩氛圍的店內展示著當地作家的九谷燒和山中塗,以及來自全日本的陶瓷作品。具有高品味的產品內容大獲好評。飯碗1個2000日圓左右~。

☎0761-77-1919 (住)加賀市山代溫泉通り1-3 (時)9~17時30分 (休)週四 (交)巴士站山代溫泉步行3分 (P)10輛
(MAP)P112❷

老字號旅館的直營店鋪,販售經營者精挑細選的器具

くたにやきかまもとすだせいか
九谷燒窯元須田菁華

魯山人所學習的九谷燒名窯

守護傳承九谷燒傳統技法的名窯。魯山人傾心於初代菁華的作風,而開始學習陶藝。榻榻米地板的店內排列著優美色繪與青花的陶瓷器,從縣外也有許多的愛好者造訪。魯山人所篆刻的招牌也不容錯過。

☎0761-76-0008 (住)加賀市山代溫泉東山町4 (時)9~17時 (休)不定休 (交)巴士站山代溫泉步行2分 (P)3輛 (MAP)P112❶

餐盤和茶杯等,幾乎為10000日圓左右~

くたにやきたいけんぎゃらりーここ
九谷燒体験ギャラリーCoCo

欣賞購買及體驗九谷燒

除了販售年輕九谷燒作家的作品外,還能參觀製作過程。選擇喜歡的器皿進行著色體驗1500日圓~過程有趣,所需約1小時。

☎0761-75-7116 (住)加賀市山代溫泉18-115甲 (時)9時30分~17時30分 (休)週四 (逢假日則營業) (交)巴士站山代溫泉步行3分 (P)無
(MAP)P112❸

從染付到上色都以細膩的手繪完成

- ⓒ カクテルバー&カフェ SWING
- 瑠璃光 P.115
- ゆのくに天祥
- 山代東口
- ❷ うつわ蔵
- ❶ 九谷燒窯元須田菁華
- 九谷燒窯跡展示館
- ❹ 九谷燒體驗藝廊CoCo

100m

❶使用當地蔬果店所推薦的蔬菜製成的蔬菜咖哩880日圓
❷店家附近有山代溫泉泉源的足湯

「一號牌」會發放給每天最早使用古總湯溫泉的人。據說相同數字的日期牌最受歡迎。

既然選擇在山代溫泉過夜
就該住宿擁有眾多忠實顧客的名宿

山代溫泉擁有從饒富風情的老字號旅館，到隱密的旅宿等各式名宿。
無論是料理或服務等，讓投宿客魂牽夢縈的理由不勝枚舉。

べにやむかゆう
べにや無何有

全部房間附設露天溫泉，能浸泡於溫泉中欣賞山庭四季不同的面貌。館內除了設有大浴場外，還有圖書室等，能讓顧客悠閒度過遠離塵囂的時間。使用在地海鮮和鴨等食材的晚餐也大獲好評。

☎0761-77-1340 🏠加賀市山代溫泉55-1-3 🚌巴士站山代溫泉東口步行6分 🚗有接駁車(需預約) P15輛 MAP P112B1 ● 全17間(和式8、洋式6、特別房1) ●2006年9月改裝 ●泉質：鹼性單純溫泉 ●內湯2 露天2 無包租

老客人的最愛

藥師山養生療法
加入中醫和藥草學等知識的療法。70分19440日圓～(需預約)。

全部房間附設能欣賞山庭的露天溫泉
度過奢華享受的半日時光

CHECK
✛1泊2食費用✛
平日36870日圓～
假日前日42270日圓～
✛時間✛
🕐IN15時、OUT11時

1 在寬敞舒適的大廳享受四季更迭的美景 **2** 部分房間的牆壁使用珪藻土和柿澀染的和紙 **3** 細膩口感的料理也是旅館特徵之一

あらやとうとうあん
あらや滔々庵

經營者同時身兼大聖寺藩溫泉管理者的老字號旅館。歷代蒐集的古美術品和現代藝術妝點館內空間，可欣賞到屢屢造訪此地的北大路魯山人所創作的貴重衝立屏風和刻字匾額。用餐時使用的器皿也要記得欣賞。☎0761-77-0010 🏠加賀市山代溫泉湯之曲輪 🚌巴士站山代溫泉步行3分 🚗JR加賀溫泉站有接駁車(需預約) P30輛 MAP P112B1 ●全18間(和式18) ●2004年2月改裝 ●泉質：鈉、鈣、硫酸鹽、氯化物泉 ●內湯3 露天2 無包租

魯山人的美術品迎面而來
高格調和沉穩氛圍的空間

CHECK
✛1泊2食費用✛
平日35640日圓～
假日前日39960日圓～
✛時間✛
🕐IN14時、OUT11時

老客人的最愛

眼睛也大飽眼福的精美器皿
除了山中塗、九谷燒的作家作品外，也使用魯山人的複製品。

1 魯山人所深愛，至今仍有高人氣的「御陣之間」 **2** 以所有感官感受源泉的特別浴室「烏湯」 **3** 將舊宮家親王喜愛的別墅所改建的酒吧「有栖川山莊」

平日8250日圓的價格公道飯店

湯快リゾート山代温泉彩朝楽 平日1泊2食8250日圓。以饒富風情的古代檜溫泉為傲。料理為種類豐富的自助餐式。

☎0570-550-178 (MAP)P112A1

ほしのりぞーと かい かが

星野集團 界 加賀

全部房間備有床和沙發的舒適空間，再引進加賀友禪等元素的「加賀傳統工藝之間」受到廣大的歡迎。夜晚有加賀獅子舞的表演。☎0570-073-011(界 預約中心) 🚉加賀市山代溫泉18-47 🚌巴士站山代溫泉步行3分 🅿35輛 (MAP)P112A1 ●全48間(附露天溫泉18間、和式30間) ●2015年10月改裝 ●泉質：鈉、鈣、硫酸鹽、氯化物泉 ●內湯2 露天2 無包租

約390年前創業的老字號旅館 於'15年12月大改裝重新開幕

保留加賀的傳統建築部分而脫胎換骨

CHECK
÷1泊2食費用÷
平日27000日圓～
假日前日34000日圓～
÷時間÷
IN15時・OUT12時

器皿和料理的協調
運用美食家北大路魯山人想法的宴席料理。冬季提供螃蟹料理。

老客人的最愛

はとり

葉渡莉

大浴場和包租浴池各設有檜木和石材的浴缸。料理為使用加賀產的當季嚴選食材，每月內容有所不同的宴席料理。館內的原木與和紙裝滿醞釀出療癒的氛圍。☎0761-77-8200 🚉加賀市山代溫泉溫泉通川7 🚌巴士站山代溫泉東口步行1分 🚐有接駁車(需預約) 🅿100輛 (MAP)P112B1 ●全59間(和式55、和洋式4) ●2007年4月部分改裝 ●泉質：鹼性單純溫泉 ●內湯2 露天1 包租2

木頭的溫度、樹葉的柔和感堅持使用天然材質的平靜旅宿

附露天溫泉的特別房

CHECK
÷1泊2食費用÷
平日17280日圓～
假日前日27000日圓～
÷時間÷
IN15時・OUT11時

茶寮 烏月
設有摩登的半開放包廂，在沉穩空間的用餐處享用創意懷石。

享受當季的美食

るりこう

瑠璃光

開放寬敞的庭園露天溫泉，以及附設按摩池的大浴場等溫泉設施豐富多樣。5種包租浴池可於過夜後的翌日早晨免費使用。☎0761-77-2323 🚉加賀市山代溫泉19-58-1 🚌巴士站山代溫泉東口步行3分 🚐有接駁車(需預約) 🅿200輛 (MAP)P113C1 ●全101間(和式79、洋式6、和洋16) ●2006年8月改裝 ●泉質：鹼性單純溫泉(鹼性低張性高溫泉) ●內湯2 露天2 包租5

溫泉設施充沛的旅館早晨免費開放使用包租浴池

附木製甲板的星之棟、A房型的房間露天溫泉

CHECK
÷1泊2食費用÷
平日20520日圓～
假日前日44280日圓～
÷時間÷
IN15時・OUT11時

「新・星之棟」
附露天溫泉的和洋室「星之棟A房型」31320日圓～。

老客人的最愛

山代溫泉是使肌膚潤澤有彈力的「美肌泉質」。使用源泉的肥皂和噴霧很受歡迎。在各旅館的販賣部買得到。

神清氣爽的溪谷散步
悠哉愜意漫步於山中溫泉

靠近福井縣界的峽谷溫泉，鶴仙溪沿岸綿延著細長的溫泉街。
漫步於四季如詩如畫的溪谷，商店櫛比鱗次的溫泉蒸氣街道等，散步樂趣無窮。

✚ やまなかおんせんそうゆきくのゆ
山中溫泉總湯菊之湯

在底深的浴缸溫暖身心靈

女湯附設於山中座裡，對面的建
築則是男湯。足湯或製作溫泉蛋3
個210日圓很受歡迎。

☎0761-78-4026 ⏺加賀市山中溫泉
湯の出町 💴泡湯440日圓 ⏰6時45分
～22時30分 ⏺無休 🚌巴士站山中溫泉
BT（巴士轉運站）步行10分 Ｐ19輛
MAP P116❹

❶ 浴缸為站立泡湯，會冒出氣泡 ❷ 旅館融入溫泉街的街景，建築物別有一番風情

❶溪谷翠綠映襯著川床。吃著道場配方的甜點小歇一會 ❷架於鶴仙溪之上，總檜造的蟋蟀橋 ❸現代化造型為特徵的花繩橋

✚ かくせんけい
鶴仙溪

享受大聖寺川的潺潺水流與溪谷美景

不妨在河床享用甜點？

山中出身的道場六三郎發明的甜點，附加賀棒茶各600日圓（含座席費）。

蟋蟀橋～花繩橋～黑谷橋之間綿延約
1.3公里的散步道，能欣賞到櫻花、紅
葉等四季不同的溪谷美景。4～10月時
花繩橋旁的川床會開放。

☎0761-78-0330 ⏺加賀市山中溫泉河鹿町
（花繩橋）💴自由散步（川床為附加賀棒茶的座
席費300日圓）⏰川床為9時30分～16時 ⏺
川床為4月1日～10月31日實施，無休（逢下雨
可能中止），有維修休業 🚌前往花繩橋從巴士
站山中溫泉BT步行10分 Ｐ利用花繩橋山腳
停車場20輛 **MAP** P116❶

往加賀溫泉站 Ⓐ
🏨吉祥やまなか P.118
往粟津溫泉
西桂木町 山中溫泉文化會館 白鷺大橋
白山神社
花紫
山中溫泉バスターミナル 黒谷橋
山中溫泉本町
東山ボヌール ❺ P.119
医王寺 かよう亭
❹山中溫泉總湯菊之湯（女湯）
❸山中座 ❷手作り餃子 長樂
松浦酒造つくしや
菊の湯前 山中郵局
❹山中溫泉總湯菊之湯（男湯）
壽經寺
胡蝶 P.119
花繩橋
山中溫泉派出所 恩澤橋 燈明寺
川床
町人旅人亭
蒸氣街道
河鹿荘ロイヤルホテル
長谷部神社
❶鶴仙溪
こおろぎ橋
往永平寺 かがり吉祥亭 P.119
こおろぎ町
蟋蟀橋 無限庵
みやこわすれの宿こおろぎ楼 P.118
Ｎ
100m

散步的重點提示

所需半天

想悠閒散步於鶴仙溪的話所需時間約1小時。從蟋蟀橋前往河畔的鶴仙溪散步道是泥土和碎石的小徑，記得要穿著好走的鞋。

山中溫泉巴士轉運站
↓步行15分
巴士站 こおろぎ橋
↓步行2分
❶ 鶴仙溪
↓步行2分
蟋蟀橋
↓步行15分
川床
↓步行1分
花繩橋
↓步行6分
❷ 手作り餃子 長樂
↓步行2分
❸ 山中座
↓步行即到
❹ 山中溫泉總湯菊之湯
↓步行10分
❺ 東山ボヌール
↓步行3分
山中溫泉巴士轉運站

ひがしやまぼぬーる
東山ボヌール

眺望森林度過咖啡時光

改建自旅館建築的咖啡廳。除了有自製甜點外，還有牛肉奶油燉飯套餐1500日圓等大分量的料理選擇。店內有繪本的展示，以及嚴選的伴手禮販賣空間。

☎0761-78-3765 住加賀市山中溫泉東町1丁目ホ19-1 ⏰9～17時 休週四 交巴士站山中溫泉BT步行3分 P利用山中溫泉BT的免費停車場 MAP P116❺

❶樸素味道的森林蛋糕350日圓，咖啡450日圓～
❷在嚴選伴手禮販賣空間選購

●交通指南

從JR加賀溫泉站搭乘加賀溫泉巴士溫泉山中線，往山中溫泉巴士轉運站30分

洽詢 ☎0761-78-0330 山中溫泉觀光協會
頁碼 隨身地圖背面B8

てづくりぎょうざ ちょうらく
手作り餃子 長樂

午餐來吃看看著名餃子吧

在地老饕也拍胸脯保證的中華料理店。點餐後從皮開始現做的餃子6個485日圓最為推薦。熟成麵的酸辣湯麵810日圓也很受歡迎。

☎0761-78-1087 住加賀市山中溫泉湯の本町ラ21 ⏰11時30分～14時、17～22時 休週四 交巴士站山中溫泉BT步行5分 P2輛 MAP P116❷

❶裝滿肉和蔬菜的飽滿手工餃子 ❷能吃到用心製作的餃子，大受歡迎的中華料理店

やまなかざ
山中座

傾心陶醉於山中節的旋律

帶有綠色的屋瓦為特徵的優雅建築。運用傳統工藝山中漆器的技術，大廳建築的豪華絢爛格子天花板與梁柱令人目不轉睛。週末能欣賞藝妓表演的民謠山中節和舞蹈。

☎0761-78-5523 住加賀市山中溫泉藥師町ム1 ⏰8時30分～22時 休無休 交巴士站山中溫泉BT步行10分 P30輛 MAP P116❸

❶每到週末便能聽到優雅的歌聲
❷舞台裝飾著豪華絢爛的山中漆器

📖 松浦酒造つくしや（MAP/P116A2）的名產，酒粕霜淇淋300日圓最適合邊走邊吃。由於不含酒精所以開車的人也能享用。

鶴仙溪的景致、清幽森林的綠意盎然等 過夜的話推薦入住絕美景觀的旅館

山中溫泉擁有眾多如鶴仙溪沿岸南北向的溫泉街，或是周圍森林中的旅館等。
無論是從房間或露天溫泉，保證能從眺望大自然當中獲得心靈的慰藉。

みやこわすれのやど こおろぎろう

みやこわすれの宿 こおろぎ楼

佇立於蟋蟀橋旁，創業約130年的旅館。主廚精心製作的料理大獲好評，能享用到松葉蟹和天然香魚等店長主廚親自帶回的當季在地食材。房間有和式與和洋式等種類，全部都能眺望溪谷。

☎0761-78-1117 🏠加賀市山中溫泉こおろぎ町口140 🚌山中溫泉BT車程4分 🚐有接駁車需預約 🅿10輛 MAP P116A3 ●全7間(和式2、和洋5) ●2014年7月包租露天溫泉完工 ●泉質：鈣、鈉、硫酸鹽泉 ●內湯2 露天1 有包租露天溫泉

午餐嘗日來回方案5990日圓～(2名～)
想當日來回的話
享受絕景包租露天溫泉和在姊妹店餐廳「がんば」品嚐海鮮為主的懷石料理。●11～14時 休週三、客滿日 ●需2日前預約

大快朵頤店長主廚所摘取、挑選的山珍海味

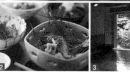

1 瞭望溪谷美景的別館，附露天溫泉的房間 2 享用剛釣獲、甫收穫的食材美味 3 從包租露天溫泉能將溪谷一覽無遺

きっしょうやまなか

吉祥やまなか

擁有能眺望溪流的露天溫泉、包租浴池和足湯等的溫泉旅館。料理能品嘗到加賀會石和鐵板燒。鬆餅大受好評的下午茶、姊妹館吉祥亭提供的泡湯服務等，豐富的款待令人欣喜。在北陸最大的SPA中享受金箔美容療程吧。

☎0761-78-5656 🏠加賀市山中溫泉1-ホ14-3 🚌山中溫泉BT車程3分 🚐有接駁車(需預約) 🅿35輛 MAP P116A1 ●全44間(和式40、洋式4) ●2007年4月改裝 ●泉質：鈣、鈉、硫酸鹽泉 ●內湯2 露天2 包租3

鐵板燒午餐＋溫泉4633日圓～
想當日來回的話
餐廳青竹的牛排全餐和溫泉搭配銷售。還有周年慶等特殊活動。
●11時30分～14時(泡湯為13～16時) 休無●需前一天的18時前預約

針對女性推出的服務豐富多樣 在最先進的SPA設備美容養生

1 負離子充沛的白鷺之湯 2 金箔SPA療程12960日圓～(需預約) 3 招待住宿者的現烤鬆餅和茶品

源泉放流式 🏠可房間用餐 有美容設施 有禁菸房 有大浴場 可一人住宿

かがりきっしょうてい
かがり吉祥亭

能欣賞新綠、紅葉和靄靄白雪等鶴仙溪的四季美景。盡情享用炭火燒烤鯛魚頭和加賀蔬菜。泡完溫泉時會附贈1杯啤酒，頗受好評。☎0761-78-2223 **住**加賀市山中溫泉こおろぎ町ニ1-1 **交**山中溫泉BT車程3分 **巴**有接駁車（需預約）**P**42輛 **MAP** P116A3 ●全48間（和式35、和洋式13）●2014年7月部分改裝 ●泉質：鈣、鈉、硫酸鹽泉 ●內湯2 露天2 包租2

從所有的房間與溫泉將絕美景緻一人獨占

位於溫泉蒸氣街道上，也可作為散步時的午餐或咖啡廳利用

CHECK
÷1泊2食費用÷
平日21750日圓
假日前日27150日圓～
÷時間÷
時IN14時、OUT11時

想當日來回的話

溫泉+午餐方案 2757日圓～
能品嘗到海鮮蔬菜蓋飯。由於提供毛巾和衛浴用品，不需準備便能泡湯。●**時**11時30分～15時 ●**休**無●不需預約

こちょう
胡蝶

改裝昭和初期舊民宅的純和風旅館。從附露天溫泉的房間和浴場「川風之湯」可欣賞到鶴仙溪與花繩橋。用九谷燒享用的料理廣受好評。

☎0761-78-4500 **住**加賀市山中溫泉河鹿町ホ-1 **交**山中溫泉BT步行7分 **巴**有接駁車（需預約）**P**30輛 **MAP** P116A2 ●全10間 ●泉質：鈣、鈉、硫酸鹽泉 ●內湯2 露天1 包租1

感動於四季繽紛的鶴仙溪和花繩橋的景觀

從窗戶可將鶴仙溪的自然美景一覽無遺

CHECK
÷1泊2食費用÷
平日28230日圓
假日前日30390日圓～
÷時間÷
時IN14時、OUT12時

想當日來回的話

午餐或晚餐&泡湯方案
午餐10850日圓～、晚餐16250日圓～
2名以上可利用。
●**時**11～14時、17～21時 **休**無●需預約

かようてい
かよう亭

藏身於黑谷橋附近森林的旅館。去蕪存菁的簡單摩登設計旅館，顧客群為國內外的VIP。美味的料理更是大受好評。

☎0761-78-1410 **住**加賀市山中溫泉東町1-ホ-20 **交**山中溫泉BT步行4分 **巴**無接駁車（有計程車優惠）**P**15輛 **MAP** P116A1 ●全10間（和式8、和洋式2）●2015年3月改裝 ●泉質：鈣、鈉、硫酸鹽泉 ●內湯2 露天1 無包租

1萬坪占地內的10間房間極致奢華的魂牽夢縈旅館

映照大自然的落地窗大浴場

CHECK
÷1泊2食費用÷
平日・假日前日皆43350日圓～
÷時間÷
時IN12時、OUT12時

想當日來回的話

當日來回午餐（便當）13010日圓
裝滿當季山珍海味的便當與泡湯方案。迷你懷石19490日圓。
●**時**11～15時 **休**客滿日 ●3日前須預約

在海邊的觀光勝地周遊一圈 能登半島海濱兜風之旅

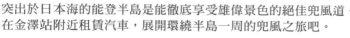

2天1夜

突出於日本海的能登半島是能徹底享受雄偉景色的絕佳兜風道。
在金澤站附近租賃汽車，展開環繞半島一周的兜風之旅吧。

㊀ 8:45
金澤站

🚩 START!

縣道 縣道
299 **60**
能登里山海道
(內灘IC～今浜IC)
約34km，1小時

在金澤站附近借車，在能登機場還車最為方便。最推薦能在機場還車的日本租車、日產租車、豐田租車石川店。費用標準為2天15000日圓左右。

第1天 總距離約 116km
行駛距離 3 小時 40 分

❶ 兜風重點提示
遍訪能登半島外浦（西側）的絕美景點的1天。在專心駕駛的同時，也別忘欣賞綿長沙灘和奇岩怪石等豐富多樣的海岸美景。由部分道路狹窄難行，所以要小心駕駛。

廣域MAP 隨身地圖背面A～F1～4

黃砂米色的沙灘和藍色的天空大海在對比下極其優美

🕙 10:00
ちりはまなぎさどらいぶうぇい
千里浜渚 海濱公路 ❶

國道
249 約6km，15分

日本絕無僅有 在海岸線暢快兜風！

砂粒細小且富含水分所以地質堅硬，從機車到大型巴士皆能行駛在沙灘上。波浪拍打沙灘之際，感受著海風的吹拂享受開車兜風的樂趣。

☎0767-22-1118 (羽咋市商工觀光課) 🏠羽咋市千里浜町～宝達志水町今浜 💴通行免費 🆓自由通行 🈺可能因天候有通行規制 🚗能登里山海道今浜IC即到 🅿無

主廚精選午間全餐2300日圓的範例

縣道
36
約13km，30分

⏰ 12:00

とらっとりあ しげぞー

trattoria Shigezo ③

使用嚴選能登食材的
正宗義大利餐廳

精通能登食材的主廚親自到大海釣魚，入山採取山菜和蘑菇，而烹飪成道地的義大利料理，CP值無人能敵。餐廳位於蔚藍大海旁，地點極佳。

☎0767-32-3714(GPS定位請用住址) 🏠志賀町高浜町ﾜ34-1 ⏰11～14時LO、17～21時30分LO 🈺週一(逢假日則翌日休) 🚗能登里山西山IC約5km 🅿12輛

國道 縣道
249 36
約10km，20分

⏰ 11:00

けたたいしゃ

氣多大社 ②

繪馬架上掛著滿滿戀愛許願的繪馬

矚目於戀愛的少女心！
向掌管戀愛願望的神明許願

在《萬葉集》中出現過的歷史悠久神社。佇立於能俯瞰日本海之處。神社祭祀通過試煉後和心愛的人結合的大國主神，所以因戀愛許願而知名。每月1日提供免費的戀愛祈福和占卜。

☎0767-22-0602 🏠羽咋市寺家町ク1-1 🈺參拜免費 ⏰8時30分～16時30分(7月21日～8月31日為～18時) 🈺無休 🚗能登里山海道柳田IC約1.9km 🅿300輛

設計別緻可愛的戀愛御守含祈願費2000日圓

ℹ️ 13:30

がんもん

巖門 ④

洶湧海浪所創造的
自然洞門

巨大的岩石中被鑿穿了寬6m、高15m、深度60m的洞門，讓人感受到大自然的鬼斧神工。另有遊覽船（☎0767-48-1233，所需20分1100日圓、冬季停駛）航行。

☎0767-32-1111(志賀町商工觀光課) 🏠志賀町富来牛下 🈺自由參觀 🚗能登里山海道西山IC約16km 🅿100輛

從遊覽船可就近欣賞洞門景觀

縣道 國道 縣道
36 249 49
約18km，35分

⏰ 15:00

やせのだんがい

想瘦斷崖 ⑤

令人雙腳忍不住顫抖
驚悚刺激的斷崖絕壁

作為松本清張原作的電影《零的焦點》拍攝地的斷崖絕壁。距離海面的高度有35m，儘管隔著展望台的欄杆仍是心驚膽跳。附近有著義經的藏船之處。

☎0767-32-1111(志賀町商工觀光課) 🏠志賀町笹波 🈺自由參觀 🚗能登里山海道西山IC約35km 🅿12輛

設有散步道和展望台

縣道 國道 縣道
49 249 38
約35km，1小時

⏰ 16:45

わじまおんせんやしお

輪島溫泉八汐 ⑥

在能將日本海一覽無遺的高台
享受泡湯的樂趣

位於能瞭望海濱的高台，採男女對調制的露天溫泉和大浴場，能將大海一覽無遺。和·洋式的包租浴池也廣受好評。晚餐的宴席料理提供魚醬烤貝組合的全餐料理。

☎0768-22-0600 🏠輪島市鳳至町袖ヶ浜1 🈺1泊2食17430日圓～ ⏰IN15時 OUT10時 🚗能越自動車道能登空港IC約17km 🅿40輛

從露天溫泉(男女對調制)可見到漁火

緊接P122

 位於志賀町的增穗浦海岸有世界最長的長椅(MAP/P120中央左)，竟然長達460m！也被認定為金氏紀錄。

在海邊的觀光勝地周遊一圈
能登半島海濱兜風之旅

接續P121

🚗 🕗 8:45
輪島溫泉八汐

縣道 國道
38 **249**
約2km，8分

🕘 9:00
わじまあさいち
輪島朝市 ❼

邊吃邊買邊互相交流也很快樂

販售鮮魚、乾貨和民藝品等，約200～250間的攤販在此擺攤。和攤販婆婆討價還價也是樂趣之一。由於從早上8點大多數的攤販便開始營業，建議趁商品尚齊全時便提早前往。

☎0768-22-7653 🏠輪島市朝市通り 🕗8～12時左右 🈺第2、4週三（有可能照常營業） 🚋能越自動車道能登空港IC約15km 🅿600輛

和攤販店員的交流也是樂趣之一，運氣好的話還能夠殺價

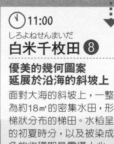
將紅豆餡的麻糬外側灑上黃色的米，緣賀良饅頭120日圓左右

國道
249
約11km，20分

位於馬場崎通的塩安漆器工房蒔庵。輪島塗手環21600日圓、項鍊7560日圓～等

第2天　總距離約 105km
　　　　行駛時間 3 小時 45 分

❶兜風重點提示

以能登半島頂端的祿岡埼燈塔為目標前進的1天。觀光景點間有一定距離，由於比想像中還來得花費時間，所以要留心時間的安排，以免趕不上能登機場的回程班機。

廣域MAP 隨身地圖背面A～F1～4

日本海

祿剛埼燈塔❿
白米千枚田 ❽
輪島朝市 ❼
公路休息站
すず塩田村
輪島溫泉 ❻
八汐
249
想瞭斷崖
❺
❾割烹 滝見亭
見附島 ⓫
能登機場（能登里山機場）
GOAL
世界最長
的長椅
石川縣
🍴和倉溫泉
加賀屋
巖門 ❹
trattoria
Shigezo ❸
和倉溫泉
❷氣多大社
羽咋站 N
10km
冰見站
今浜IC 富山灣
內灘 千
IC 里
濱 能 高
公 越 岡
路 自 站
渚 動
內灘 車 富山站
IC 道
海 北陸自動車道
鄉站
矢部砺波
JCT
START 富山縣

🕚 11:00
しろよねせんまいだ
白米千枚田 ❽

優美的幾何圖案
延展於沿海的斜坡上

面對大海的斜坡上，一整面皆為約18㎡的密集水田，形成階梯狀分布的梯田。水稻呈鮮綠的初夏時分，以及被染成金黃色的收種期最震憾人心。可從一旁的千枚田口袋公園眺望欣賞。☎0768-23-1146（輪島市觀光課）🏠輪島市白米町 🈺🆓自由參觀 🚋能越自動車道能登空港IC約40km 🅿51輛

奧能登屈指一數的觀光勝地。最推薦從千枚田口袋公園攝影

🕚11:20

かっぽう たきみてい
割烹 滝見亭 ⑨

國道 **249** 縣道 **28** 約26km,52分

豐富食材的能登海鮮蓋飯

爽口的醋飯,搭配上超過10種的當季海鮮而成的能登海鮮蓋飯2160日圓享負盛名,是一年四季都吃得到的料理。割烹獨特的費時耗力烹飪過程和細膩的擺盤也是重點,絕對值得一嘗究竟。

☎0768-32-0437 🏠珠洲市真浦町カ14 ⏰11〜15時、17〜20時 🈺第2、4週三 🚗能登自動車道能登空港IC約35km 🅿15輛

於奧能登推出的「能登蓋飯」之一

國道 **249** 約10km,20分

🕐13:10

ろっこうさきとうだい
禄剛埼灯台 ⑩

聳立於半島的最北端
明治懷舊風格的建築

純白的燈塔映照著大海與天空的藍

隔著海能見到日出或落日,聳立於能登最北端的純白燈塔。於明治16年(1883)由歐洲建築師所設計,由於擁有高度的歷史價值,所以被選評為「日本燈塔50選」之一。

☎0768-82-7776(珠洲市觀光交流課) 🏠珠洲市狼煙町イ-51 🈺🈚外觀自由參觀 🚗能登越自動車道能登空港IC約62km 🅿110輛

縣道 **28** 縣道 **52** 縣道 **12** 國道 **249** 約22km,50分

🕑14:20

みつけじま
見附島 ⑪

絕世獨立於海面上
彷彿軍艦般的小島

浮現於見付海岸海面上的無人島。彷彿是即將靠岸的軍艦船,所以有軍艦島的別稱。退潮時可走在石子路上到達島的旁邊。

☎0768-82-7776(珠洲市觀光交流課) 🏠珠洲市宝立町鵜飼 🈺🈚自由參觀 🚗能越自動車道能登空港IC約38km 🅿200輛

見附島因為被弘法大師發現而得名

國道 **249** 縣道 **26** 縣道 **288** 縣道 **57** 縣道 **303** 約34km,1時間15分

國道 **249** 縣道 **26** 縣道 **288** 縣道 **57** 縣道 **303** 能登自動車道・能奇付費道路・田鶴浜道路(能登空港IC〜和富IC)、縣道47號等/約80km,2小時30分

🕒15:45 🚩GOAL

のとくうこう
能登機場

在1樓的租車櫃台返還鑰匙。依不同的租車公司繳清還車費用,完成手續。

🕔17:00 もう1泊するなら

わくらおんせん かがや
和倉温泉 加賀屋

獲得「專家評選的日本飯店・旅館100選」連續36年第1名的名宿。在此體驗一流的服務。

☎0767-62-4111 💴1泊2食35640日圓〜 ⏰IN15時 OUT11時 🚗能越自動車道和倉IC約4km 🅿500輛

→ 交通相關資訊

前往金澤・能登・加賀的交通

從日本國內該如何前往目的地?在目的地內又有什麼交通方式?
針對出發地及旅遊型態選擇適合自己的交通方式吧。

鐵路 -RAIL-

▶ 搭乘北陸新幹線

| 東京站 | **新幹線かがやき・はくたか**
2小時30分~3小時20分　14120日圓
30分~1小時1班 | → 金澤站 |

▶ 搭乘東海道新幹線・北陸線

名古屋站	**特急しらさぎ** 3小時　7330日圓　1日8班	→	
大阪站	**特急サンダーバード** 2小時35~55分　7650日圓　30分~1小時1班	→	金澤站
東京站	**新幹線ひかり** ｜ 米原站 ｜ **特急しらさぎ** 約3小時50分　15520日圓　1小時1班	→	加賀 溫泉站

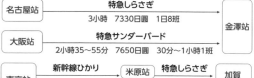

規劃行程提要　不妨在往返路線做點變化,購買從東京搭乘東海道新幹線前往米原,經過金澤後,再搭乘北陸新幹線返回東京的周遊乘車券。
可於中途下車觀光(反方向亦可)。

飛機 -AIR-

東京(羽田)	**ANA・JAL** 1小時05分　24890日圓　1日10班	→	
札幌 (新千歲)	**ANA** 1小時45分　38300日圓　1日1班	→	
仙台	**ANA・IBX**(共同運航) 1小時10分　32220日圓　1日2班 ※IBX=31200日圓	→	小松機場
福岡	**ANA・IBX**(共同運航) 1小時15分　38600日圓　1日4班 ※IBX=37600日圓	→	
東京(羽田)	**ANA** 1小時　24890日圓　1日2班	→	能登里山 機場

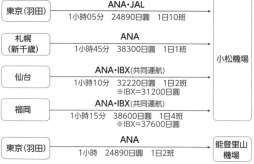

規劃行程提要　除了東京(羽田)出發的路線外,其他的路線班次皆十分稀少。依時期不同,大約從半年前就要預約、購買,所以決定旅遊行程後建議早點購票,越早購買票價越優惠越多。

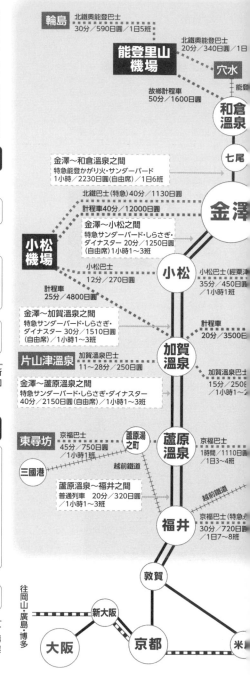

輪島　北鐵奧能登巴士
30分/590日圓/1日5班

能登里山機場

北鐵奧能登巴士
20分/340日圓/1日1班

穴水

和倉溫泉　故鄉計程車
50分/1600日圓

七尾

金澤~和倉溫泉之間
特急能登かがり火・サンダーバード
1小時/2230日圓(自由席)/1日6班

金澤

北鐵巴士(特急)40分/1130日圓
計程車40分/12000日圓

金澤~小松之間
特急サンダーバード・しらさぎ・
ダイナスター 20分/1250日圓
(自由席)1小時1~3班

小松機場

小松巴士
12分/270日圓

計程車
25分/4800日圓

金澤~加賀溫泉之間
特急サンダーバード・しらさぎ・
ダイナスター 30分/1510日圓
(自由席)/1小時1~3班

小松

小松巴士(經粟津)
35分/450日圓
/1小時1班

計程車
20分/3500日圓

片山津溫泉　加賀溫泉巴士
11~28分/250日圓

加賀溫泉

加賀溫泉巴士
15分/250日圓
/1小時1~2班

金澤~蘆原溫泉之間
特急サンダーバード・しらさぎ・ダイナスター
40分/2150日圓(自由席)/1小時1~3班

東尋坊　京福巴士
45分/750日圓
/1小時1班

蘆原湯之町

蘆原溫泉

京福巴士
1小時/1110日圓
/1日3~4班

三國港

越前鐵道

蘆原溫泉~福井之間
普通列車 20分/320日圓
/1小時1~3班

越前鐵道

福井

京福巴士(特急
30分/720日圓
/1日7~8班

敦賀

新大阪

往岡山廣島・博多

大阪

京都

米

圖例	
東海道新幹線	巴士
北陸新幹線	計程車
特急サンダーバード	
特急しらさぎ	
特急ワイドビューひだ	

・2017年1月時的資訊，實際搭乘前請先確認最新的資訊。
・JR的車票金額為車資加上特急費用而成（通常時期，普通車指定席），航空價格為通常時期的單程票價加上旅客設施使用費。
・所需時間僅供參考，依搭乘的列車和班次而異。

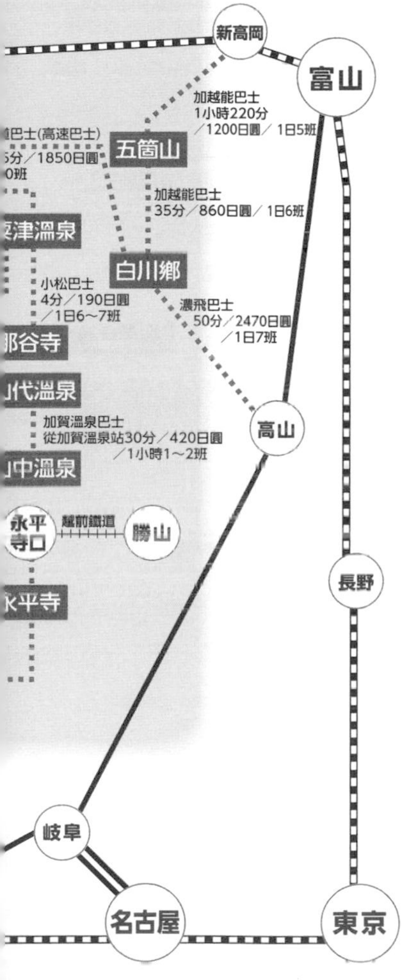

巴士 -BUS-

出發地	路線	所需時間／價格／班次	目的地
上野站・東京站	JR巴士關東「Grand Dream金澤號」	9小時 6100～9200日圓(青春夢想金澤號4200～5800日圓) 夜車2班	金澤站東口
新宿站・池袋站	JR巴士關東/西武巴士「金澤EXPRESS號」	8小時 5000～8800日圓 日間2～3班 夜車2～3班	金澤站東口
名鐵巴士轉運站・名古屋站	名鐵巴士／JR東海巴士「北陸道Highway巴士」	4小時03分 4180日圓 1日10班	金澤站東口
大阪站JR高速BT	西日本JR巴士「北陸道晝特急大阪號」	5小時30分 4400～5500日圓 1日5班	金澤站東口

規劃行程提要

想節省交通費用的話最推薦搭乘高速巴士。依巴士種類（座位3列或4列）的不同價格也有所差異。除了提供的資訊外還有其他的發車地點，不妨確認巴士時刻表和網路！

好康情報

えきねっとトクだ値（JR東日本）

東京（都區內）～金澤　12700日圓（單程）

從JR東日本的網站「Eki-net」，以電腦或手機購買。雖然需要會員登錄，但北陸新幹線有名額限定的10%折扣優惠。

北陸観光フリーきっぷ（JR東海）

從名古屋（市內）　15930日圓

往返自由搭乘區間時，可搭乘來回各1次的「特急しらさぎ」或「特急ひだ」的普通車指定席票券（名古屋～米原之間可搭乘新幹線的指定席）。4日內有效。

4/27～5/6、8/11～20、12/28～1/6不可使用。

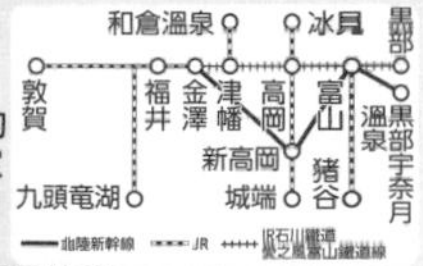

北陸乗り放題きっぷ（JR西日本） 2人以上・限搭乘前一天之前購買

從大阪（市內）　15560日圓　從京都（市內）　14280日圓
從神戶（市內）　16640日圓（皆搭乘普通車）

前往北陸自由搭乘區間的往返路線，可搭乘特急「サンダーバード」的普通車指定席，3日內可於自由搭乘區間無限次搭乘北陸新幹線、特急、普通列車的自由席。3日內有效。

金沢・加賀・能登ぐるりんパス（JR西日本） 2人以上・限搭乘前一天之前購買

從大阪（市內）　16000日圓　從京都（市內）　14500日圓
從神戶（市內）　17000日圓

附往返的特急普通車指定席券和24間觀光設施入場券、2樣傳統工藝體驗、JR・周遊巴士無限搭乘（可使用於自由搭乘區間內的普通車自由席）的套票。

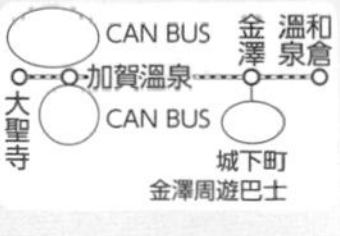

洽詢

鐵路		飛機	
JR東日本	☎050-2016-1600	ANA(全日空)	☎0570-029-222
JR東海	☎050-3772-3910	JAL(日本航空)	☎0570-025-071
JR西日本	☎0570-00-2486	IBX(IBEX航空)	☎0120-686-009

巴士			
JR巴士關東	☎03-3844-0489	JR東海巴士	☎052-563-0489
名鐵巴士	☎052-582-0489	北鐵奧能登巴士	☎0768-22-2311
西日本JR巴士	☎0570-00-2424	小松巴士	☎0761-22-3721
加賀溫泉巴士	☎0761-73-5070	京福巴士	☎0776-57-7700
加越能巴士	☎0766-22-4888	濃飛巴士	☎0577-32-1688
西武巴士	☎03-5910-2525		

金澤的交通

金澤的觀光景點集中於較為狹窄的範圍內。
觀光時建議搭乘巴士，腳力好的人則推薦自行車。

各式各樣種類的巴士是可靠的旅遊良伴！

金澤的道路稍嫌複雜難走，但穿梭於其間的金澤巴士是旅行者的可靠旅伴。除了北陸路線巴士外，也可搭乘周遊巴士。定期觀光巴士的選擇也多。

洽詢 北陸鐵道電話客服中心 ☎076-237-5115

城下町 金澤周遊巴士

從金澤站東口出發，繞行東茶屋街～兼六園～金澤21世紀美術館～西茶屋街～片町～香林坊～尾山神社～近江町市場約周遊40分的循環巴士。有左迴、右迴兩種路線，依自己想去的景點可自行選擇搭乘路線。此外，即使是同一站名，有可能因右迴、左迴路線的不同而巴士站設置地點不同，請多加留意。
●金澤站東口⑦發車，8時30分左右～18時左右之間，15分1班
●乘車1次200日圓

兼六園接駁車

從金澤站東口出發，連結近江町市場～香林坊～金澤21世紀美術館，環繞兼六園一周後，最後抵達兼六園約花費16分。由於成巽閣前也設有巴士站，從成巽閣進入兼六園也十分方便。
●金澤站東口⑥發車，9時30分～17時50分之間，20分1班
●乘車1次100日圓(平日為200日圓)

金澤購物專車「市區巴士」

周遊金澤站東口～武藏ヶ辻～香林坊～金澤21世紀美術館的巴士。
●週六日、假日行駛
●金澤站東口⑤發車，9時40分～20時之間，20～30分1班
●乘車1次100日圓

北鐵路線巴士

路線幾乎完全覆蓋金澤市區的路線巴士。可步行前往主要觀光景點的兼六園、金澤城公園、金澤21世紀美術館。往香林坊巴士站的班次多，十分方便。
●乘車1次200日圓～

定期觀光巴士 金澤半日觀光路線

(1/4～12/28進行)

預約制 北陸鐵道預約中心
☎076-234-0123

▶上午路線
2500日圓
金澤站東口①8:40發車→東茶屋街→
天德院(觀賞機關人偶劇)→
長町武家宅邸遺跡→兼六園周邊區域→
抵達金澤站東口12:40

▶下午路線
2500日圓
金澤站東口①13:25發車→東茶屋街→
兼六園周邊區域→天德院(觀賞機關人偶劇)→
長町武家宅邸遺跡→抵達金澤站東口17:25

好 康 情 報

北鉄バス 1日フリー乗車券 500日圓

可1日無限次搭乘「城下町金澤周遊巴士」、「200日圓區間的路線巴士」、「兼六園接駁車」。附贈市內27間觀光設施的入場、入館折扣優惠。在金澤站東口北鐵站前中心、北鐵集團服務處、城下町金澤周遊巴士車內販售。

租借自行車

由於金澤的觀光景點幾乎集中於車站3公里以內的範圍，好天氣時最推薦租借自行車。前往兼六園約15分。遵守自行車騎乘規則，享受愉快的自行車之旅吧。

金澤自行車租賃「まちのり」

- 洽詢 ☎0120-3190-47(全年無休，9～18時)
- 租借 7時30分～22時30分(可能變更)，24小時皆能返還
- 費用 基本費用200日圓+追加費用(一開始的30分免費，之後每隔30分收取200日圓)，需要押金800日圓和身分證明

能登・加賀的交通

由於加賀溫泉鄉有路線巴士，能登半島有定期觀光巴士行駛，所以能依據自己火車和飛機的時間，或住宿的地點來搭配使用。

計程車

如果是團體出遊的話，建議也能使用計程車。從金澤站東口到兼六園約需10分，費用1300日圓～。計程車司機兼觀光導覽的觀光計程車為4小時20000日圓～。

- T☆Bハイヤー金沢 ☎076-259-0113
- ぴゅうハイヤー金沢 ☎076-249-0257

北陸最繁華的鬧區香林坊

對於加賀觀光方便的CAN BUS

旅遊資訊●前往金澤・能登・加賀的交通

環繞加賀溫泉鄉的CAN BUS

以加賀溫泉鄉為起點，有海環線和山環線等2種路線。1日周遊券1000日圓，2日周遊券1200日圓，可無限次搭乘巴士。周遊券可在巴士內、JR加賀溫泉站的加賀市觀光情報中心、各旅館買得到。山環線為8時45分～15時45分之間9班，海環線為8時35分～16時15分之間10班運行。此外，連結小松機場～片山津溫泉～JR加賀溫泉站的路線為1日5班往返運行。

洽詢 まちづくり加賀 ☎0761-72-7777

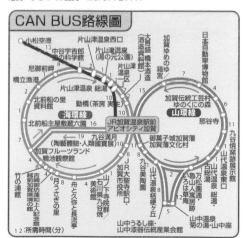

CAN BUS路線圖

12＝所需時間(分)

能登的定期觀光巴士

在車子為必需品的能登半島，定期觀光巴士意外地成為有效的移動方式。有金澤站出發當日來回的輪島觀光路線，也有從和倉溫泉出發觀光珠洲和見附島等地，最終抵達能登機場的路線。

定期觀光巴士・能登半島觀光路線(全年運行)

- 預約制 北陸鐵道預約中心 ☎076-234-0123
- ※BT=巴士轉運站

▶ 輪島號 **金澤出發7500日圓、輪島出發5500日圓(附午餐)**
金澤站東口①出發7:50→輪島站訪夢出發9:44→輪島朝市・輪島漆會館→白米千枚田→輪島切子會館→ビュー・サンセット(午餐)→機具岩→千里濱渚海濱公路→抵達金澤站西口16:40
※遇輪島朝市休業日則變更為輪島市內散步或輪島站訪夢

▶ 奧能登號 **和倉出發6000日圓、輪島出發5500日圓(附午餐)**
和倉溫泉BT出發8:20→輪島站訪夢出發9:30→輪島朝市・輪島漆會館→輪島切子會館→白米千枚田→公路休息站鈴塩田村→珠洲海濱飯店(午餐)→珠洲燒資料館→見附島→抵達能登里山機場15:15→抵達輪島站訪夢15:40→抵達和倉溫泉BT16:50→抵達和倉溫泉站16:55
※遇輪島朝市休業日則變更為綠剛埠(狼煙燈塔)

▶ 朝市號 **和倉出發7000日圓、輪島出發6000日圓(附午餐)**
和倉溫泉BT出發8:30→輪島站訪夢出發9:40→輪島朝市・輪島漆會館→輪島切子會館→ビュー・サンセット(午餐)→巖門→妙成寺→千里濱渚海濱公路→抵達金澤站西口16:20
※遇輪島朝市休業日則變更為總持寺祖院

▶ 七尾號 **和倉出發5500日圓(附午餐)** 12/29～1/3運休
和倉溫泉BT出發8:40→一本杉通商店街・新娘暖簾館→巖門→氣多大社→羽咋宇宙科學博物館→千里濱渚海濱公路(午餐)→抵達金澤站西口14:45
※遇新娘暖簾館休館日則改贈送小禮品。羽咋宇宙科學博物館休館日則變更為妙成寺

前往金澤‧能登‧加賀的兜風路線

由於高速公路交通網十分發達,所以從東京、名古屋和大阪等地駕車前往石川縣也十分方便。從北陸自動車道前往能登里山海道則利用金澤東IC或金澤森本IC最為便利。

租車自駕

包括金澤市區，北陸地區擁有眾多的出租車服務處。許多租車公司提供縣內還車免費的方案，所以能安排高效率的觀光計劃。

規劃行程提要：如果使用「北陸乘り放題きっぷ」（→參考P125）的話，能在車站租車以24小時3200日圓的優惠價格租賃S等級的車（2名以上利用，4/27～5/6、8/11～20、12/28～1/6無優惠折扣），從京阪神出發的人可考慮採用。

（→參考P125）

好康情報

鐵路&出租車（JR各公司）
如果一起購買JR車票和車站租車券，則JR車票能有所折扣，租車的費用也能更加優惠。使用此方案的條件為，需搭乘JR電車超過201公里，以及最初使用的JR車站必須和租車車站相隔101公里以上。同一行程的全體使用者的JR車票可享8折，特急費用則享9折優惠（のぞみ．みずほ除外）。但是4/27～5/6、8/11～20、12/28～1/6期間JR車票和車費用無折扣。

- -

飛機&出租車（ANA•JAL）
也同時從航空公司網站預約機票時，能以折扣價格預約與航空公司合作的出租車服務。也能累積航空哩程。詳情請確認航空公司的網頁。

東京出發

▶利用關越道・上信越道

練馬IC ──關越道──→ 藤岡JCT

上信越道 ──上越JCT 北陸道──→ 金沢東IC

距離455km　高速費用9710日圓

▶利用東名高速

東京IC ──東名・新東名・名神高速──→ 米原JCT

──北陸道──→ 金沢西IC

距離568km　高速費用11700日圓

在千里浜渚海濱公路追風飆速

名古屋出發

▶利用名神高速

一宮IC ──名神高速──→ 米原JCT

──北陸道──→ 金沢西IC

距離223km　高速費用5190日圓

▶利用東海北陸道

一宮IC ──名神高速──→ 一宮JCT

東海北陸道 ──小矢部碾波JCT 北陸道──→ 金沢東IC

距離213km　高速費用5040日圓

大阪出發

▶利用名神高速

吹田IC ──名神高速──→ 米原JCT

──北陸道──→ 金沢西IC

距離282km　高速費用6510日圓

・高速費用為普通車利用ETC的費用。
　如為現金支付則金額可能有所不同。

➕ 交通資訊補給站

新幹線「Gran Class」

以「只要將門扉打開，那端就是高級質感的夢幻世界。沉澱心境的祥和空間，更加深對旅途的憧憬」為宗旨，連接北陸新幹線最高等級的車廂。內部裝潢令人聯想到金澤的工藝品。輕食提供和食與洋食2種，還準備了酒類和無酒精飲料等超過10種的飲料。專任的車掌小姐提供貼心的服務。

「新娘暖簾號」

以「享受金澤的和風文化與美景，品嘗在地山珍海味」為宗旨，用北陸傳統工藝輪島塗和加賀友禪為概念設計的七尾線觀光特急列車，行駛金澤～七尾～和倉溫泉之間。車內除了展示傳統工藝品外，還有北陸限定的美食與招待的表演。
以週六日和假日為主，1日2來回的列車行駛。乘車的4日前如購買「新娘暖簾餐券」，則可享用到輕食和甜點。
餐券的預約＝JR西日本預約專線
☎0088-24-5489

能登里山(能登)機場

作為能登半島便利的觀光起點，機場也身兼公路休息站的功能，在航廳的1樓設有旅行資訊中心，能在此獲得最新的觀光資訊。從羽田機場每日有2個航班。

金澤夜間點燈巴士

周遊於16座如夢似幻的金澤夜間點燈之間，約耗時43分。每週六晚間的19:00～21:10每隔10～20分行駛1班。金澤擁有如東茶屋街等眾多的夜間點燈景點，所以推薦下車後散步於金澤的美麗夜晚。能見到和白天截然不同的城市面貌。
洽詢＝北陸鐵道電話服務中心
☎076-237-5115。

白山白川鄉純白之路

1台車有超過2位的乘客，並且入住加賀溫泉鄉(粟津、片山津、山代、山中)、辰口溫泉、白山溫泉鄉、金澤溫泉鄉的合作住宿設施，超過2位的家族或團體的通行費用(普通車1600日圓)可享單程免費的活動，於車輛通行可能期間的6～11月實施。於各個住宿設施進行受理。2018年起的活動實施需事先確認。
道路的洽詢＝白山林道岐阜管理事務所 ☎05769-6-1664。

飛機的早鳥票

只要在各大航空公司提早預約(通常從2～6個月前開始發售)，就能利用高優惠的「旅行折扣」或「早鳥折扣」。雖然相對取消費用也高，但超過50%的折扣令人心動。一決定出發日期就趕緊上航空公司官網確認吧！

「能登里山里海號」

以「享受能登的山景海景所交織出的風景與當季美食，感受人情溫暖和懷舊氣氛的觀光列車」為宗旨，能登鐵道所經營的列車。「慵懶行程」為預約制，僅週六日、假日行駛，附「甜點」、「壽司御膳」、「微醺小酒」等餐飲，「休閒行程」則不需預約，於週一二四五行駛。
洽詢‧預約＝能登鐵道觀光列車預約中心☎0768-52-2300。

北陸鐵道的電車

主要行駛金澤的私營地方鐵道。過去曾經在石川縣擁有眾多鐵路路線，但目前僅存2條路線，為野町～鶴來之間的石川線，以及北鐵金澤～內灘之間的淺野川線。曾在東京的東橫線和井之頭線服務過的2節車廂電車，正以可愛的姿態活躍於金澤市區。

尾小屋鐵道

連結小松(新小松)到稱為尾小屋的礦山聚落，是鐵軌僅有762mm寬的窄軌列車。控控作響行駛到1977年的小巧可愛列車，曾經在電影《男人真命苦》中出現過。現在則是展示於小松市尾小屋町的「嘆气火車展示館」中。

旅遊金澤前的相關小知識

在此介紹能更加深對於金澤興趣的書本，或是能排入行程的活動等，啟程前稍微預習一下，能讓您的旅程事半功倍。

金澤的方言

發音柔軟且語調緩慢是金澤方言的特色。拉長語尾的獨特抑揚是最大的特徵之一。

あいそらしー …惹人憐愛的、可愛的
あんやと …謝謝
おいね、おいや …是的(表示贊同)
かさだかな …誇張的
きまっし …請大駕光臨
ちょっこし …稍微、有一點
まんで …非常地
ねまる …坐下來
りくつな …精巧的、巧妙的

祭典・活動

一起體驗傳承加賀百萬石傳統的祭典，或是讓城市充滿旋律的音樂祭等豐富多樣的活動吧。

2月 Foodpia金澤

冬季慣例的美食饗宴。舉辦名人聚集的美食對談，與從第30屆開始轉換新方向、由50間店舖推出Foodpia美食款待等。詳情請洽官網。
☎076-232-1000 地點 金澤市內各地

6月第1週六前後的週五日 金澤百萬石祭典

令人遙想初代藩主前田利家的金澤城入城，而舉辦豪華絢爛的百萬石遊行和紀念活動等，是金澤市內最大規模的祭典。
☎076-220-2194 地點 金澤城公園(P36)等地

7～8月的每週六 觀能的黃昏

附上讓一般人也能輕易理解的解說，以合理的價格欣賞能劇與狂言。冬季也會舉辦。團體需事先預約。
☎076-264-2598 地點 石川縣立能樂堂
MAP P139F4

10月中旬 石川甜點博覽會

在日本三大菓子聖地的金澤舉辦。以甜點為活動主題，舉行工藝菓子展示、和菓子製作體驗以及甜點茶會等活動。
☎076-225-1642(石川縣觀光聯盟)
地點 SHIINOKI迎賓館 MAP P139D2

11月上旬～2月中旬 香林坊夢幻樹

將香林坊周邊的36棵櫸木以11萬顆燈泡繽紛裝飾點。以金澤的冬季代表景觀雪吊為意象設計的點燈格外華美。
☎076-220-5001 地點 香林坊十字路口周邊 MAP P138B・C2

花卉

綠意盎然的金澤，因四季不同而綻開的繁花值得一看。在兼六園則能依時序欣賞梅花、櫻花和鳶尾花。

櫻花

除兼六園(☞P30)和金澤城公園(☞P36)之外，犀川和淺野川的櫻花也美。

吊鐘花

在寺島藏人宅邸(☞P57)的樹齡300年的樹上開滿了小白花。

鳶尾花

兼六園(☞P30)曲水的鳶尾花是初夏的象徵景緻而受到大眾喜愛。

紅葉

除兼六園(☞P30)與金澤城公園(☞P36)之外，市中心也能欣賞到紅葉。

服裝

氣溫和台灣大致相同，但下雨和下雪的日子較多是金澤的特徵。尤其冬季時要小心行走。

 春
3～4月早晚仍會感到寒意，建議準備厚外套。

 夏
多為晴朗的好天氣，穿著輕便即可。以步行方式觀光則要做好防曬措施。

 秋
由於天氣變動較為劇烈，建議採取洋蔥式穿法。

 冬
嚴峻的寒冷感，路上甚至可見積雪。請穿著止滑的鞋子。

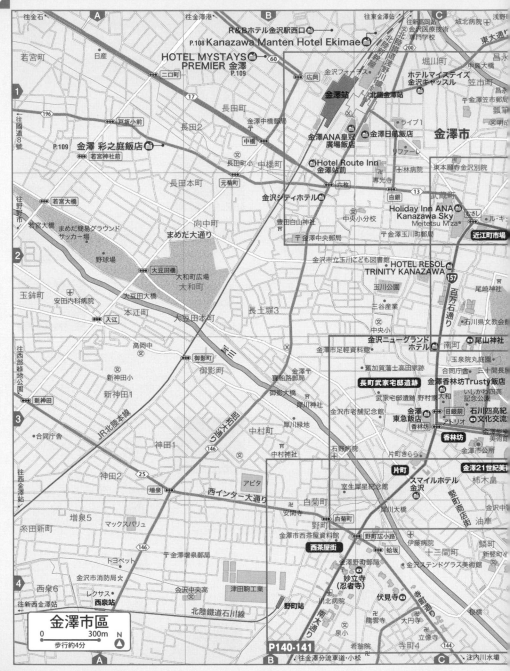

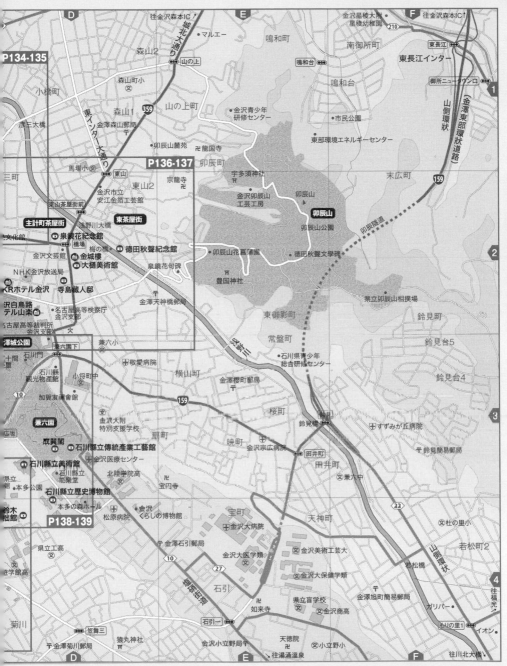

往金沢森本IC↗
堀北大通り
●マルエー
鳴和町
往金沢森本IC↑
金沢星稜大附
星稜幼稚園
P134-135
森山2
鳴和台
南御所町
東長江インター
小橋町
森山町小
鳴和台
御所ニュータウン口
《金澤東部環状道路》
東上大橋
森山1
359
金沢森山郵便局
山の上町
金沢青少年
研修センター
市民公園
東部環境エネルギーセンター
山側環状
末広町
159
馬場小
東山
卯辰山麓苑
卍龍国寺
P136-137
卯辰町
宇多須神社
卯辰山
卯辰山
金沢市立
安江金箔工芸館
東山2
宗龍寺
金沢卯辰山
工芸工房
主計町茶屋街
浅野川大橋
東茶屋街
梅の橋
卯辰隧道
泉鏡花記念館
徳田秋聲記念館
金城樓
卯辰山花菖蒲園
徳田秋聲文學碑
文化館
金沢文芸館
NHK金沢放送局
大樋美術館
泉鏡花句碑
卯辰山公園
KRホテル金沢
寺島蔵人邸
豊国神社
県立卯辰山相撲場
鈴見町
沢白鳥路
テル山楽
名古屋高等検察庁
金沢支部
金澤天神橋郵便局
鈴見台5
澤城公園
名古屋高等裁判所
金沢支部
東御影町
鈴見台4
十間町
石川門
兼六小
常盤町
石引
敬愛病院
石川県青少年
総合研修センター
鈴見台4
石川縣
觀光物産館
小将町中
横山町
金澤櫻町郵便局
加賀友禅會館
兼六園
金沢大附
特別支援学校
桜町
鈴見樓
すずみが丘病院
成巽閣
肩町
暁町
金沢宗広病院
田井町
鈴見簡易郵便局
石川縣立美術館
石川縣立
能樂堂
金沢医療センター
石川縣立歴史博物館
北陸学院高
宝円寺
宝町
天神町
兼六
本多の森ホール
松原病院
金沢
くらしの博物館
金沢大病院
山側環状
P138-139
県立工高
金沢石引郵便局
金沢美術工芸大
若松町2
杜の里小
鈴木大拙館
本多公園
石引
金沢大医学類
岩松橋
ガリバー●
往福光↗
県立盲学校
如来寺
金沢大保健学類
金沢旭町簡易郵便局
杜の里1
イオン
菊川
産業館高
金澤菊川郵便局
笠舞三
猿丸神社
金澤小立野郵便局
天徳院
天徳院
小立野小
往川北大橋↗
石引一
如来寺
往湯涌温泉↗

金澤站～武蔵ヶ辻

0　75m
歩行約1分　N

往國道359號

D　E　F

1

信開ダイナスティ浅野川キングス館
廣誓寺
天理教加州分教会
第二消防団浅野町分団

中島大橋
中島大橋
東大通り
レジデンス此花
寿し龍 P.89
恵光寺
西源寺
西勝寺

昌永町
昌永町
昌永橋

往國道359號
小橋町
パークコート小橋
小橋町
小橋町

笠市町
金澤笠市郵局
報恩寺
サンライズ山善
本願寺
金沢別院西別院
上宮寺
光教寺
崇禅寺
瓢箪町

彦三大橋
小橋
本覚寺
あめの俵屋
本店
小橋町

2

明成小

岩本清商店 P.97
松立寺

明成小学校前
安江町北
東別院表参道口
ダイアパレス彦三
ファースト・レーベン彦三アネックス
長徳寺
彦三町
金澤小橋郵局
ラ・ベジブル武蔵
P.87 宮田・鈴庵

ナイスリー
安江町
北川ハイツ
金沢幼稚園

彦三北
彦三中
東山3

海鮮丼の店 こてつ P.60
近江町市場 海鮮どん屋 P.60
じもの亭 P.61
いきいき亭 近江町店 P.01
近江町市場海鮮丼 魚旨 P.61
廻る 近江町市場寿司 本店 P.88
東出珈琲店 P.61
近江町コロッケ P.59
近江町旬彩焼 P.59
杉本水産 P.59
岩内蒲鉾店 P.59
恵豆 しば田 P.59
世界の食品Diamond L II P.62
たなつや P.62
北形青果 P.62
大松水産 P.62
みつばちの詩工房 P.104

彦三町2

妙栄寺

東本願寺笠沢別院
安江町
東別院
目細八郎兵衛
商店 P.97
わせだ
クリニック
むさし西
collabon
P.99

3

高橋小児科医院
乗敬寺
熙光寺
浅野川

コープ野村彦三
彦三町一丁目
彦三町1
ライオンズマンション彦三町

P.93御料理 貴船

希清軒博六会彦三きらく園
中の橋
彦三緑地ツツジ資料館
主計町緑水苑

金澤天空ANA
假日酒店 P.109

4

武蔵ヶ辻
武蔵ヶ辻・近江町市場
Meitetsu M'za
P.103 黒門小路
P.99CRAFT A
武蔵ヶ辻・近江町市場
武蔵ヶ辻・近江町市場
武蔵ヶ辻・近江町市場
青草町
近江町市場 P.58

袋町
ボレスターフクロマチ
袋町
武蔵マンション
ル・キューブ金沢
かなざわはこまち
武蔵ヶ辻・近江町市場
壽屋
茶寮 不室屋 P.86
近江町
下近江町
上近江町
博労町

人人ビル
尾張町2
P.84壽屋
中島めんや P.97
太陽生命金沢ビル
町民文化館
老舗交流館
木倉や本社

彦三緑地
光福寺
恵寿金沢病院
佛眼寺

久保市乙剣宮
P.57

尾張町
尾張町
往橋場町

町民文化館
紀陽館森井書店
尾張町

近江町市場～東茶屋街

0 75m
歩行約1分

東山3

往金澤森本IC↗

●Gallery&Cafe 椋 P.51

卍玄門寺

卍広昌寺

卍蓮昌寺

卍宗龍寺

馬場小
学校

金沢市馬場公民館

東山

日本おもしろ文化博物館

359

慈雲寺

松尾神社

●あうん堂 P.94

卍永明寺

TRM東山風の街

浄西寺卍

●金澤市立安江金箔工藝館

實相寺卍

●高木糀商店 P.47

御嶽神社

子来町緑地

鶯町

卍伝燈院

BUVETTE P.48

●中田屋 東茶屋街店 P.51

菅原神社

国家指定重要文化財
志摩

東茶屋街 P.42

●居酒屋 空海 P.93

中の橋

計町
水馬院

●津屋旅館 P.107

●浅の川吉久 P.52

主計町茶屋街

暗坂 P.56

源法院卍

●東茶屋街休憩館 P.43

長町寺

金澤東茶屋街
懐華樓

卍西源寺

●料理旅館山乃尾 P.45

●寶泉寺 P.46

卍寿経寺

東別院東山蓮如堂

子来町

明坂 P.56

●浅野川大橋 P.56

●福嶋三弦店 P.55

●いち凛 P.57

東山河岸緑地

卍観音院

観音町3

鏡花
念館 P.57

浅野川大橋

並木町

銀松

東山1

●かーふコレクション P.57

浅野川稲荷神社

●徳田秋聲紀念館 P.47

観音町

了願寺卍

P.57金澤文藝館
千と世水引 P.96

橋場町

梅ノ橋

浅野川

梅ノ橋

東御影向

六角堂 Grill&Bar

●金城樓

ロワイヤルユウ梅の橋

ウィステリアガーデン並木町

泉鏡花句碑

●大樋美術館 P.57

善福寺卍

ロールスガーデン
並木町

天神橋

橋場町

●寺島藏人邸 P.57

大手町東

●かなざわ 美かざり あさの P.53

東事務所

茶屋美術館
P.45

東山Robert Dumas

●緑煌 P.53

●東山みずほ P.49

八の福

●森八 ひがし三番丁店 P.51

●幸兵衛寿司 P.89

レジデンス
兼六

●国家指定重要文化財 P.44

東山1

大手町病院

はくひとつまみ P.52

箔座ひかり藏 P.53

●十月亭 P.48

●茶房一笑 P.50

検察庁前

白鳥路

名古屋高等検察庁
金沢支部

小池病院

大手町

光誓寺卍

兼六町蔵町

P.53玉匣
金澤東茶屋街
懐華樓 P.47

旅館山茂利

茶房素心 P.50

照葉 P.93

今日香 P.52

●久連波 P.50・55

159

名古屋
高等裁判所
金沢支部

往兼六園

兼六元町

●箔一東山店 P.53

RESTAURANT
自由軒 P.49

P.55 雀

●BAR粋蓮 P.92

Ryomon

●茶房&Bar ゴーシュ P.51

●くるみや P.52

卍西源寺

東茶屋街擴大圖

0 25m
歩行約20秒

経田屋米穀店

●菜菓匠奈加川 P.87

髪結処ぎんざ

A

B

C

1

2

3

4

P.70 甘味処 金花糖

オヨヨ書林 P.69 せせらぎ通り店

中央小学校前

香舗伽羅 P.67

加賀てまり 毬屋 P.96

尾山神社 P.36

P.69 ひらみぱん

niguram P.69

往武蔵十字路口▶

金沢ニューグランドホテル

南町

P.92 町家ダイニングあぐり

P.68 Gloini

くらふと＆ぎゃらりぃOKURA P.98

尾山神社前

尾山

朝日生命金沢ビル

仙石通り

木の花幼稚園

atelier & gallery creava P.68

金沢市足軽資料館 P.67

金沢聖霊綜合病院

聖霊保育所

等雲寺卍

金沢聖霊医院聖堂 P.70

聖霊医院・聖堂

長町1

鞍月用水 P.67

rallye P.70

北國新聞赤羽ホール

合同庁舎

石川合同庁舎

長町友禅館

舊加賀藩士高田家跡 P.70

金沢製菓調理専門学校 卍

道林寺支所卍

CAFE DUMBO P.94

香林坊（東横イン前）

百薬KITCHEN P.87

武家宅邸遺跡 野村家 P.66・71

Le pont de chocolat Saint Nicolas P.70

東横INN金沢兼六園香林坊 P.109

朝日生命金沢第2ビル

P.104 わらじ屋本店

茶菓工房たろう 鬼川店 P.67

長町武家宅邸遺跡 P.64・66

酒房 猩猩 P.70

金澤香林坊Trusty飯店 P.109

長町武家屋敷跡

野庄用水

九谷焼 鏑木商舗 おいしいいっぷく鏑木 P.70

街角観光服務処

金沢遊工房 P.104

金沢製菓調理専門学校

157

大和

FUMUROYA CAFÉ 香林坊大和店 P.78

長町2

長町西

中央通町

金沢市老舗記念館

四季のテーブル P.70

香林坊2

香林坊

香林坊・千石通り

石川四高記念公園

浄照寺卍

前田土佐守家資料館 P.70

金澤東急飯店 P.109

香林坊東急スクエア

香林坊

石川四高記念文化交流館 P.40

老舗記念館

P.131 香林坊夢幻樹

眼鏡前

アトリオ

小松御坊浄ersa寺卍

中央公園前

香林坊

八十八 P.86

Grill Otsuka P.74

香林坊

Turban Curry本店 P.75

甘味処 漆の実

ライオンズマンション金沢片町

金沢香林坊郵便

P.98 生活雑貨 LINE

木倉町

高砂 P.79

蛇之目寿司 本店

片町ツアーホテル ブレーゴ

ホテル クラウンヒルズ金沢

広坂1

金沢市公

西蓮寺卍

新橋

Makino P.87

P.91 金澤 おくや

片町2

片町中央通り

P.72 片町

片町・タテマチ

P.90 いたる本店

全開口笑 P.75

HIROSAKA HIGHBALL

石野病院

千日町

敬栄寺卍

川端鮮魚店 P.90

片町中央通り

片2

宇宙軒食堂 P.74

柿木畠

手打そば 更科藤井 P.40

ホテルエコノ金沢アスパー

アパヴィラホテル ＜金沢片町＞

下柿木畠

金沢パティオ

村田屋旅館

ホテルエコノ金沢片町 P.78 旬のダイニング十二の月

アパホテル＜金沢中央＞

P.75 FULL OF BEANS

P.91 寿し居酒屋 だいだい

赤玉本店 P.79

BARSPOON P.78

片町1

室生犀星紀念館 P.81

LA NENE GOOSE P.81

P.91 居酒屋割烹 笑宿

Bar Cruise P.78

P.74 8番らーめん 犀川大橋店

千日町

スマイルホテル金沢

里見町

金澤白菊郵局

P.81 雨寶院・室生犀星展示室

犀川大橋北詰

おでん居酒屋 三幸 P.79

大工町

竪町

徳龍寺卍

犀川大橋南詰

犀川大橋 P.80

大工町

池田町三番丁

竪町商店街

園

長町〜香林坊〜兼六園

0　　75m

歩行約1分

N

Bistro P.78 紙屋市べゑ

大工町

池田町四番丁

KUPPI P.94

往金澤分流車道・小松方向

十三間町中丁

池田町二番丁

野田屋茶店 P.78

アパホテル＜金沢片町＞

往幸町

A

B

C

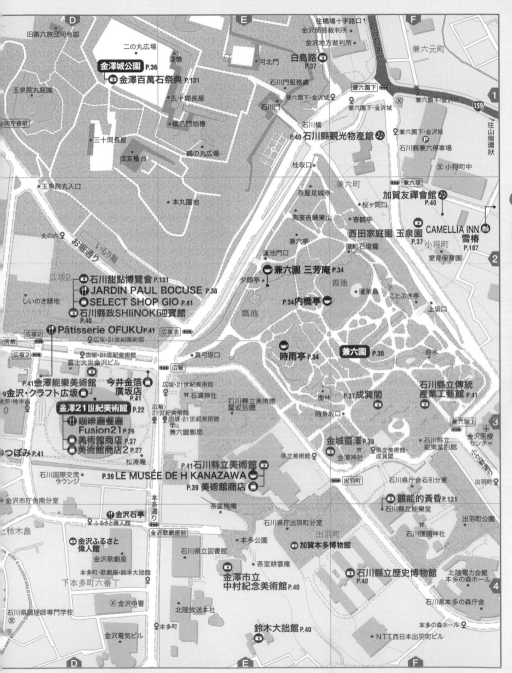

旧第六旅団司令部

二の丸広場

金澤城公園 P.36

菱櫓

金澤百萬石祭典 P.131

玉泉院丸庭園

五十間長屋

河北門

白鳥路 P.37

往橋場十字路口↑
金沢簡易裁判所
金沢地方裁判所

兼六元町

石川門務所

兼六園下

兼六園下・金沢城

兼六園下・金沢城

往山側環状

159

□庁舎前

橋爪門旭櫓

石川門

三十間長屋

戊亥櫓台

鶴の丸広場

石川橋

P.40 石川縣觀光物産館

石川縣兼六停車場

兼六町

桂坂口

小将町中

玉泉院丸入口

本丸園地

茶屋見城亭

桜ヶ岡

兼六坂

加賀友禪會館 P.40

丸の内

お堀通り

いもり堀

陶芸吉崎東山

寄鶴亭

西田家庭園 玉泉園 P.37

CAMELLIA INN
雪椿 P.107

広坂2

しいのき緑地

兼六亭

微塵燈籠

小将町

愛育保育園

石川甜點博覽會 P.131

JARDIN PAUL BOCUSE P.38

SELECT SHOP GIO P.41

石川縣政SHIINOKI迎賓館 P.40

兼六園 三芳庵 P.34

霞池

蓮池門口

夕顔亭

P.34 内橋亭

蓬莱島

ことぶき亭

上坂口

瓢池

Pâtisserie OFUKU P.41

広坂北

広坂・21世紀美術館

富士火災金沢ビル

広坂

真弓坂口

兼六園 P.30

時雨亭 P.34

曲水

広坂2

所前

P.41金澤能樂美術館

今井金箔
廣坂店 P.41

9金沢・クラフト広坂

石浦神社

石川縣立傳統
産業工藝館 P.41

兼六坂上

広坂・21世紀美術館

石川縣立美術館別館

梅林

P.37成巽閣

石川縣立
能樂堂別館

金澤21世紀美術館 P.22

21世紀美術館

咖啡廳聲聲
Fusion21 P.26

兼六園郵局

随身坂口

金沢医療
センター

美術館商店 P.27

美術館商店2 P.27

金城靈澤 P.33

県立美術館・
成巽閣

つぼみ P.41

松濤庵

金沢神社

P.41石川縣立美術館

県立美術館

石川県庁金引出張所

石川国際交流
ラウンジ

LE MUSÉE DE H KANAZAWA P.39

出羽町

出羽町

金沢市庁舎南分室

P.39 美術館商店

觀能的黄昏 P.131

出羽町公園

金沢石亭

ふるさと偉人館

石川縣立能樂堂

二柿木畠

金澤ふるさと
偉人館

本多通り

石川県庁出羽町分室

石川護國神社

北陸電力会館
本多の森ホール

金沢歌劇座前

本多公園

出羽町

石川縣立歴史博物館 P.40

金沢歌劇座

茶室耕雲庵

加賀本多博物館 P.40

下本多町六番丁

北陸放送本社

石川縣立図書館

石川縣本多の森庁舎

石川県調理師専門学校

金沢中署

金沢市立
中村紀念美術館 P.40

鈴木大拙館 P.40

本多の森ホール

金沢電気ビル

本多町

NTT西日本出羽町ビル

●中村町保育所

満天の湯

●増泰変電所

千日町

敷栄寺 卍

白菊ハイツ

白菊町

日本共産党石川県会館

瑞泉寺 卍

安閑寺 卍

往西部緑地公園

レジデンスさんと

●林ビル

中西歯科医院 🏥

西インター大通り

NCOKM_12

マツムラカメラ

白菊町

金澤白菊郵便局

千日町

西村時計店

P.81 **LA NENE GOOSE** 🏨

室生犀星
紀念館 P.81

雨寶院・室生犀星
展示室 P.81

徳龍寺 卍

ラスティング野町

神明宮 卍

野町デンタルクリニック 🏥

徳法寺 卍

野町西

野町2

大蓮寺 卍

にし茶屋街

西茶屋街 P.80

🍴料亭 華の宿 P.81

P.80甘納豆かわむら

P.80西料亭組合事務所

手造り中谷とうふ P.81

金澤市西茶屋資料館 P.80

妙慶寺 卍

野町広小路

安藤ビル

広小路

真長寺 卍

舩坂 卍

金沢文化服装学院 Ⓧ

九谷光仙窯 P.81

横井内科医院 🏥

野町駅 🚉

野町站

アパホテル＜金沢野町＞

川北病院 🏥

ルポーゼ
広小路

野町1

ヴァンデュール野町広小路

金澤野町郵便局

本長寺 卍

宝勝寺 卍

藤五郎茶屋

妙立寺（忍者寺）P.82

広小路接骨院

広小路

三光寺 卍

西方寺 卍

浄安寺 卍

松月寺 卍

金剛寺 卍

極楽寺 卍

野町2

常松寺 卍

香林寺 卍

国泰寺 卍

国泰寺

157 野町

堅正寺 卍

千手院 卍

少林寺 卍

西然寺 卍

玉泉寺 卍

泉小

野町4

弥生乳児保育園●

泉1

立正寺 卍

野町3

龍雲寺 卍

興徳寺 卍

玉龍寺 卍

寺町五 卍

長田洋服店 ●

往鶴来

月照寺 卍

本覚寺 卍

往金澤分流車道・
小松方向

ホテルエコノ金沢アスパー 🏨

片町中央通り

片町きらら

片町2

川端
鮮魚店 P.

ホテルエコノ金沢片町

片町1

寿し居酒屋 だいだい P.91

居酒屋割烹 笑宿 P.91

P.74 8番らーめん
犀川大橋店

河原町

スマイルホテル金沢 🏨

犀川大橋北詰

おでん居酒屋 三幸 P.79

片町キンリンビル

犀川大橋

犀川大橋南詰

寺町5

Bistro
紙屋市べゑ P.78

大工町

十三間

KUPPI P.94

妙慶寺 卍

犀川ISQUARE

十三間町

伊藤病院

金沢ステンドグラス美術館

金沢リハビリテーション
アカデミー

つば甚 P.85

諏訪神社

杉の井 P.85

伏見寺 P.81

寺町 法光

大P

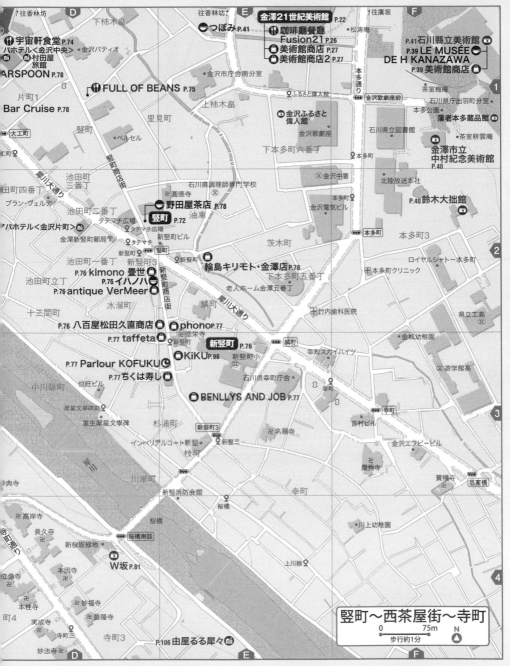

金澤21世紀美術館 P.22

● つぼみ P.41

咖啡廳餐廳
Fusion21 P.26
● 美術館商店 P.27
● 美術館商店2 P.27

P.41 石川縣立美術館
P.39 LE MUSÉE
DE H KANAZAWA
P.39 美術館商店

● 宇宙軒食堂 P.74
アパホテル〈金沢中央〉
● 村田屋
旅館
ARSPOON P.78

● FULL OF BEANS P.75

Bar Cruise P.78

● 野田屋茶店 P.78
● 竪町 P.72

金澤市立
中村紀念美術館
P.40

P.40 鈴木大拙館

● 輪島キリモト・金澤店 P.78

P.76 kimono 畳世
P.76 イハノハ
P.76 antique VerMeer

P.76 八百屋松田久直商店
P.77 taffeta

● phonoP.77

P.77 Parlour KOFUKU
P.77 ちくは寿し

● KiKUP.98

● 新竪町 P.76

● BENLLYS AND JOB P.77

● W坂 P.81

● P.106 由屋るる犀々

竪町〜西茶屋街〜寺町

0　　　　75m
歩行約1分　　　　N

INDEX

叩叩日本
cocomiru ココミル

金澤 北陸

【 叩叩日本系列 15 】

金澤 北陸

作者／JTB Publishing,Inc.
翻譯／武濰揚
校對／林庭安
編輯／林德偉
發行人／周元白
出版者／人人出版股份有限公司
地址／23145新北市新店區寶橋路235巷6弄6號7樓
電話／(02)2918-3366（代表號）
傳真／(02)2914-0000
網址／www.jjp.com.tw
郵政劃撥帳號／16402311人人出版股份有限公司
製版印刷／長城製版印刷股份有限公司
電話／(02)2918-3366（代表號）
經銷商／聯合發行股份有限公司
電話／(02)2917-8022
第一版第一刷／2018年7月
定價／新台幣320元

日本版原書名／ココミル
日本版發行人／秋田 守

Cocomiru Series
Title: KANAZAWA・HOKURIKU
©2017 JTB Publishing,Inc.
All Rights Reserved.
First published in Japan in 2017 by JTB Publishing,Inc.Tokyo
Chinese translation rights arranged with JTB Publishing,Inc.
through CREEK & RIVER Co., Ltd. Tokyo
Chinese translation copyright © 2018 by Jen Jen Publishing Co., Ltd.

國家圖書館出版品預行編目（CIP）資料

金澤 北陸 / JTB Publishing,Inc.作 ；
武濰揚翻譯. -- 第一版. -- 新北市：
人人, 2018.07
面； 公分. --（叩叩日本系列；15）
ISBN 978-986-461-145-4（平裝）
1.旅遊 2.日本石川縣

731.7349   107007719
                              LEE

本書中的各項費用，原則上都是取材時確認過，包含消費稅在內的金額。但是，各種費用還是有可能變動，使用本書時請多加注意。

◎本書中的內容為2016年12月底的資訊。發行後在費用、營業時間、公休日、菜單等營業內容上可能有所變動，或是因臨時歇業等而有無法利用的狀況。此外，包含各種資訊在內的刊載內容，雖然已經極力追求資訊的正確性，但仍建議在出發前以電話等方式做確認、預約。此外，因本書刊載內容而造成的損害賠償責任等，弊公司無法提供保證，請在確認此點之後再行購買。
◎本書刊載的商品僅為舉例，有售完及變動的可能，還請見諒。
◎本書刊載的入園費用等為成人的費用。
◎公休日省略新年期間、盂蘭盆節、黃金週的標示。
◎本書刊載的利用時間若無特別標記，原則上為開店（館）～閉店（館）。停止點菜及入店（館）時間，通常為閉店（館）時刻的30分～1小時前，還請多留意。
◎本書刊載關於交通標示上的所需時間僅提供參考，請多留意。
◎本書刊載的住宿費用，原則上單人房、雙床房是1房的客房費用；而1泊2食、1泊附早餐、純住宿，則標示2人1房附1人份的費用。標示是以採訪時的消費稅率為準，包含各種稅金、服務費在內的費用。費用可能隨季節、人數而有所變動，請多留意。
◎本書刊載的溫泉泉質、效能為源泉具備的性質，並非個別浴池的功效；是依據各設施提供的資訊製作而成。
◎「この地図の作成に当たっては、国土地理院長の承認を得て、同院発行の50万分の1地方図、2万5千分の1地形図及び電子地形図25000を使用した。（承認番号 平29情使、第444-221号）」

「この地図の作成に当たっては、国土地理院長の承認を得て、同院発行の数値地図50mメッシュ（標高）を使用した。（承認番号 平29情使、第445-126号）」

●版權所有・翻印必究●

哪裡好呢♪
下次不知道要去

Find us on
人人出版・人人的伴旅

人人出版好本事
提供旅遊小常識＆最新出版訊息
回答問卷還有送小贈品
部落格網址／http://www.jjp.com.tw/jenjenblog/